네가 무엇을 하든, 누가 뭐라 하든, 나는 네가 옳다

네가 무엇을 하든, 누가 뭐라 하든, 나는 네가 옳다

초판 1쇄 인쇄 | 2020년 2월 20일
초판 1쇄 발행 | 2020년 2월 26일
초판 2쇄 인쇄 | 2020년 6월 1일
초판 2쇄 발행 | 2020년 6월 5일

지은이 | 황정미
발행인 | 이혁백

만든 사람들
출판기획 최윤호 | **책임편집** 홍민진 | **편집** 정민규 | **마케팅총괄** 김미르
홍보영업 백광석 | **북디자인** 별을잡는그물, 김경미

펴낸 곳
출판사 치읕[치읃] | **출판등록** 2017년 10월 31일(제 000312호)
주소 서울시 강남구 논현동 9-18 4F, 5F | **전화** 02-518-7191 | **팩스** 02-6008-7197
이메일 240people@naver.com | **홈페이지** www.shareyourstory.co.kr

값 16,000원 | **ISBN** 979-11-90067-20-1

이 도서의 국립중앙도서관 출판예정도서목록(CIP)은 서지정보유통지원시스템 홈페이지(http://seoji.nl.go.kr)와 국가자료공동목록시스템(http://www.nl.go.kr/kolisnet)에서 이용하실 수 있습니다. (CIP제어번호 : CIP2020005313)

네가 무엇을 하든, 누가 뭐라 하든,
나는 네가 옳다

황정미 지음

누군가의 이야기를
들어 준다는 것에 대하여

아이들의 따옴표에 귀 기울이며

1층, 나무가 우거진 징검다리 돌다리를 건너 철 대문 삐걱거리며 아이들이 소리친다.

"선생님!!"

"오야 오야 배고프지? 오늘은 학교생활이 어땠누? 그랬구나. 오늘은 감자탕이다! 기분 풀자."

—

제가 운영하고 있는 공부방은 일반적인 아파트 구조와 다르게 대문이 두 개입니다. 아이들은 1층 길가로 나있는 철 대문 앞에서 신발을 벗기도 전에 저를 찾습니다.

배고프다고 하기도 하고, 힘든 일상을 조잘대며 이르기도 합니다. 신발을 벗기도 전에 말입니다.

공부방으로 들어서는 아이들의 모습이 행복하기를 원했습니다. 매일 문을 열어주는, 아이를 기다리는 엄마의 모습으로 앉아 있고 싶었습니다.

가끔은 시간이 지나도 오지 않는 아이들을 더 빨리 보고 싶어서 불편한 다리를 끌며 1층 길가로 난 철제 대문 앞으로 기어나가 하염없이 고개를 빼고 기다리다가 아이들이 오면 문틈에 숨어 깜짝 놀래키곤 했습니다.

학교에서 집이 아닌 공부방으로 바로 오지만 달려가고 싶은 공간으로 인식시켜 주고 싶었습니다.

그렇게 나의 공간이 케렌시아가 되어가고 아이들이 나와 살고 싶어 했습니다.

공부를 가르치고 밥을 주며 밤새 힘들었던 일상을 털어놓는 그런 공간에서 살고 싶어 했습니다.

고개 숙인 장애인이라는 태생의 결함과 가난이라는 굴레에서 무관심의 존재였던 저는 고개 숙이고 한숨 쉬며 멍 때리는 아이들의 아픔을 솜털 같은 세포가 살아나서 알려줍니다. 제 내면의 목소리는 힘들어 하는 아이들을 품어주라고 말해주었습니다.

그렇게 한 명 두 명 품어주다 보니, 배려가 권리가 되어 집에 살아야만 하는 아이들까지도 맡아서 책임지는 혼돈의 시간을 보내기도 했습니다.

아이를 사랑하는 방식이 다양하다고 하나, 공부를 가르치는 공간에서 먹고 자고 가는 아이들이 많아지고 시간이 흐르면서 아이들은 말했습니다.

"선생님, 엄마는 저를 사랑하지 않나 봐요."
"선생님, 아빠는 제가 귀찮은가 봐요."

전혀 그렇지 않다는 것은 아이도 알고 있지만, 확인하는 질문을 통해 아이들은 이런 답을 원했던 거지요.

"그렇지 않아, 절대로. 선생님이 원해서 오래 가르치고 선생님이 원해서 같이 자는 거야. 좋은 결과를 가지고 집으로 가자."

특이한 공부방을 운영하는 제게 아이들을 맡기는 학부모의 마음, 밥을 먹이면서 공부를 시키는 나의 마음이 만나 한 명 한 명 아이들을 위해 상담했던 수많은 시간이 말해줍니다.

"부모님들이 절대로 너희를 방치하는 게 아니야. 방법을 아는 사람이 방법을 모르는 사람에게 손을 내어준 것뿐이야. 우리 마지막에는 웃으면서 헤어지자."

그렇게 저는 공부를 가르치며 밥을 주는 공부방 선생님으로 수년을 살았고 그 아이들에 대한 기록을 노트에 빼곡히 적어갔습니다.

이제 그 노트를 열어봅니다. 천천히 호흡하며 읽어주시길 바랍니다. 학부모의 입장, 아이의 입장, 그리고 장애인 선생님의 입장에서 따옴표 안의 글을 낭독하듯 읽어주시길 바랍니다.

마지막 장을 덮을 땐, '이렇게 사는 사람도 있구나' 고개 끄덕여주며, 위로의 마음 보태주시면 좋겠습니다.

바란다면, 나의 기록이 왜곡되지 않고 제대로 읽혀지는 진심이 묻어나는 글이 되길 소원합니다.

그래서 이제는 고개를 들어 하늘을 바라보는 당당한 선생님과 제자들에게, 따스한 마음 하나둘 보태지고 그 마음의 확장이 부모와 자녀의 올바른 대화법으로 이어지기를 바랍니다.

그리하여 [네가 무엇을 하든, 누가 뭐라 하든, 나는 네가 옳다] 라는 전폭적인 믿음을 표출하는 부모님으로 인해 '가족이니까 알겠지'라는 표현하지 않는 쓸쓸함이 매일 웃음꽃 피어나는 기적으로 바뀌기를 축복합니다.

—

"선생님, 지금도 과외하시나요?"

삶의 깊이가 묻어나는 주름살을 안고 한 아이의 어머님이 찾아오셨다.

"이제는, 상담합니다. 커피 한잔 마시면서 대화해요. 다 들어드릴게요."

따뜻한 아메리카노의 진한 향이 어머님과 나의 대화의 조연이 되어 퍼져가고 있다.

마음을 읽지 못해 힘든 이들에게

처음 기획 의도를 수정하며

"경제적으로, 시간적으로 여유가 있는데 왜 우리 아이를 제대로 키우지 못할까?"

거듭된 실패로 고민하고 아파하는 어머니들을 위해 글을 쓴다.

"선생님, 정말 미치겠어요. 아이가 도통 무슨 생각을 하는지 모르겠어요. 초등학교까지는 잘했어요. 말도 잘 듣고 성적도 곧잘 나왔어요. 중학교에 올라가면서 이상해졌어요. 방에서 나오지도 않고 휴대폰만 해요. 대화를 시도하려고 하면 벽하고 대화하는 것 같아요. 학원만 겨우 갔다 오고 혼자서는 공부하는 꼴을 못 봐요. 사교육이라는 사교육은 다 시켜봤어요. 성적은 내려가고…

사춘기라 그런가요? 저는 최선을 다했어요. 아, 요즘은 너무 힘드네요."

빌딩숲 사이, 조용한 카페에서 아이를 잘 키우고 싶은 한 어머니와 마주 앉았다. 익숙한 상담이다. 일반적인 상담에 비해 좀 다른 점이 있다면, 이 어머니에게는 나를 신뢰하는 데서 나오는 솔직함이 있다는 것이다. 맞벌이를 하지 않는데도, 남편의 적극적 지지가 있는데도 좋은 결과를 보여주지 못하는 어머니의 자괴감이 대화에서 묻어났다.

단순히 과외를 하는 입장이 아니라, 이제는 과외와 상담을 병행하는 나에게는 솔직함으로 무장한 전사 같은 어머니의 하소연이 '학생의 성적을 올려주고, 가정을 평화롭게 해주고 싶은' 나의 의지를 살려냈다.

내가 사는 곳은 교육의 열정이 남다른 곳이다. 과외 아르바이트를 비롯해서 공부방이나 학원의 숫자는 서울 강남과 견주는 곳이다.

이곳에서 나는 일반적인 방법으로 아이들을 가르치기 싫었다. 성적을 단기간에 올려줄 수는 있다. 나는 아이들이 행복해하는 공부를 가르치고 싶었다. 아니, 행복해하는 공간을 만들어주고 싶었다. 그러기 위해서는 공감의 눈높이를 맞추는 작업이 필요했다. 그 방법이 '24시간 밀착 케어(care)' 수업이었다. 장애인 선생님의 살아 있는 수업이 아이들을 어떻게 변화시켰는지 보여주고 싶었다. 그리고 자식 잘 키우려고 노력하는 부모, 그리고 반항이라는 프레임을 쓰고 힘들어하는 자녀, 그 누구도 틀리지 않았음을 보여주는 책을 쓰고 싶었다. 이제 가면 뒤에 숨겨진 학부모들의 진짜 내면의 모습을 끄집어낼 때이다.

이렇게 기록했던 기획 의도를 수정하려 한다.

말은 마음의 실마리이고, 행동은 마음의 표현인데, 그것을 알아내는 깊이가 다행히 내게 있었다.

그 마음을 다른 마음에게 전달해주고 싶었다. 아픈 대상이 어른 사이의 아이들이어서, 아이들을 대신해 '닫힌 길' 앞에서 길을 안내하는 '등대'이고 싶었고, 성인이 되어도 [옳지 않다] [못한다]라는 부정적 암시 속에서 길을 잃은 마음에게 [참 예쁘다] [잘하고 있다] 위로하고 싶었다.

결국 나는, '네가 무엇을 하든, 누가 뭐라 하든, 네가 옳다'라고 말해주고 싶은 것이다.

나의 이런 소망의 대상이 10대에서, 성인이 되어도 힘든 20대로, 그리고 대물림되는 아픔의 끈을 끊어내고 싶은 부모로 확장된 것뿐이다. 이 책은 내담자를 기다리는 전문 상담사의 이론서가 아니다. 이 책은 아픔이 켜켜이 싸여서 고개 숙여야 했던 10대와, 그 아픔을 치유하는 방법을 모르는 학부모, 그리고 아이들을 위해 심리학을 공부한 과외선생님이, 직접 체험하고 기록한 세 명의 시점으로 구성된 '심리에세이'이며, 다시 아프다고 하는 청년들, 어른의 무게를 감당하기 힘들다고 하는 학부모들을 위한 '스토리텔링'이다.

이 책의 기획 의도를 이제는 이렇게 쓰고 싶다.

마음을 읽어내는 한 사람이, 아직 마음을 읽지 못해서 힘든 그 누군가의
등대가 되는 책이길 바란다고.

contents

1장

한쪽 다리가
'조금 짧은' 선생님

선생님의 독백

,

그대의 유년기는 건강했나요?
그대가 추억하는 과거는, 행복한가요?

훗날에 나는 어디선가
한숨을 쉬며 이야기할 것입니다.
숲 속에 두 갈래 길이 있었다고,
나는 사람이 적게 간 길을 택하였다고,
그리고 그것 때문에 모든 것이 달라졌다고.
- 로버트 프로스트(Robert Frost), '가지 않은 길'

무관심, 심지어 격리의 삶을 살아온 나는 다른 사람들이 '선택하지 않은 길'을 선택했다.

꿈을 꾼다.

"초콜릿, 기브 미 어 초콜릿!"

어여쁜 여자가 미국 군인과 걸어가고 있다. 동네 아이들이 초콜릿을 달라고 모여든다.

미군 부대 웨이트리스였던 엄마는 일주일에 한 번 집에 왔다. 왜 미국 군인이 엄마와 동행했는지는 알 수 없다. 엄마 주변에 몰려든 아이들 손에 초콜릿이 쥐어져 있던 기억뿐.

"엄마!"

"어떻게 나왔어?! 들어가 있으랬지?!"

네 발로 땅을 기어 나와 '나도 초콜릿 주세요, 엄마 보고 싶었어요'라고 알려주고 있었다. 나는 서 있는 아이들 사이에 앉아 있는, 유일한 장애인이었다.

예방 주사를 맞힐 수 없고 맞히지도 않았던 무지하고 가난했던 1969년, 미군 부대 웨이트리스 엄마는 돈을 참 잘 벌었다. 그리고 이사한 이층 양옥집, 가난은 끝났다고 좋아하며 흑백TV 앞에서 즐거워하던 그 집에서 나는 한여름에 감기에 걸렸다. 방 한쪽에서 밤새 열에 시달리는 동안 '소아마비'라는 병명을 가진 두 살 아기는 병원에만 갔어도 되는 그 고열을 이기지 못해 결국 '짧은' 다리를 갖게 되었다. 아니, '짧은' 다리는 만들어졌다.

사실, 꿈꾸듯 기억하는 나의 유년기는 너무 아프다.

남들과 다르게 보이는 신체적 결핍, 그 아픔의 깊이가 33년, '길고 긴' 동행을 했어야 하는 이유일까요? '짧다'라는 단어가, 부모가 자녀에게 사랑을 표현해야 함에도 하지 않아서 오는, [정서적 결핍]에도 작용한다는 것을 알았습니다. 그래서 이 책이 태어났으니, 만들어진 '짧은' 아픔의 스토리들이 아이들을 품어야 하는 이유였는지 차근차근 과거를 추억해봅니다.

우리 집은 말이 없었다. 장애인이 된 막내딸, 당시는 장애인 자녀를 둔 부모는 죄인이라는 오명을 안고 살아가던 시대였다. 장애인 딸을 부양한다는 이유로 미군 부대를 나온 엄마는 공순이라는 이름으로 밤 10시까지 공장에서 일했고, 그 당시 엘리트였던 아버지는 무능한 정권을 탓하며 툭하면 회사를 때려치웠다.

나이 차이가 많이 나는 형제들 사이에서 차별이라는 단어로라도 존재감을 얻고 싶었지만, 나는 시간이 흐르면 그냥 커버릴 무관심의 아이일 뿐이었다.

"오늘도 혼자 가라고? 가방 무거운데?!"

가족 누군가의 구원의 손길을 기대하며 소리쳐 보았다. 학교까지 데려다 주지는 못할지언정 잘 갔다 오라고 한마디만 해주지. 아니, 눈길이라도 주지.

문까지 기어가 날씨를 확인했다. 시간을 벌어볼 심산이었다.

"비 올 것 같은데?!" 목발에 의지하여 걷는 나는 우산을 쓸 수 없지 않은가.

"내 우비는 어디 있어?"

대꾸 없는 오빠들과는 달리 중학교를 자퇴한 언니는 오빠들 도시락 싸고 남은 음식을 입안에 우겨 넣으며 말했다.

"우비 있긴 한데, 지난번에 넘어져서 찢어진 거밖에 없어."

입안에 음식이나 먹고 말하지, 언니는 누가 자기 음식을 빼앗아 먹기라도 하듯 허겁지겁 급했다.

"아 됐어. 그냥 갈게."

"언니가 데려다 줄까?"

더 싫다. 중학생 언니가 학교 갈 시간에 남루한 옷을 입고 동생 학교에 같이 걸어가는 것은.

오빠가 쓰던 남색 가방, 물려 써서 낡은, 잘 잠겨지지도 않는 가방. 오래된 버클이 헐거워져서 걸어가는 내내 가방 문이 덜컹거렸다.

'제길, 가방이 더 무거워.'

하늘이 잔뜩 성나 있었다. 비를 맞으며 걸어가면 수많은 관중 앞에서 비극의 주인공이 될 수 있다. 목발을 짚은 발이 흔들렸다. '빨리 가야 돼. 비 오기 전에.'

"휴…."

정문에 들어섰다. 그때였다. 성난 하늘에서 소나기가 거칠게 쏟아져 내렸다. 덜컹거리는 가방 속으로 비가 들이쳤다. 나의 네 개의 발이 두려워 떨듯 흔들리기 시작했다. 질퍽해진 운동장에 목발이 박혀서 나오질 않았다. 빼내려 할수록 더 깊이 박히는 꼴이다. 우려했던 일이다. 뛰어가던 아이들은 도움을 줄 수도, 줄 생각도 없어 보였다.

그냥 비를 맞으며 서 있을 때,

"정미야!"

아버지였다.

'정미네 아버지, 집에서 논대. 정미네 엄마는 공장에서 일한대. 정미네 언니는 학교를 안 간대….' 아무도 없는 운동장, 나만 들리는 메아리였다.

"왜 왔어!"

"비 오니까 왔지…."

"백수 아버지 티 내는 거야? 그냥 가!"

아버지는 아무 말 없이 진흙 속 목발을 빼 주고 가방을 들어 주었다. 그 순간에 미안하다는 생각보다는 비극의 주인공은 나 하나면 된다는 반항의 마음이 아버지를 내치고 있었다.

그리고 1년 뒤, 너무도 젊은 나이에 '일'이라는 단어 대신 '술'이라는 단어를 안고 살던 아버지는 간암으로 죽었다.

막내라는 단어의 애틋함도 없고, 갖고 있는 이름도 잘 불리지 않는, 오히려 '차별'이라도 받고 싶었던 존재감 없던 그 시절이, 학교에서 '왕따'라는 이름으로 살아가는 아이들을 품어야 했던 이유일까요? 혼자서 걸어가는 아이들의 뒷모습을 보면 지나칠 수 없었던 이유가 가슴 저 밑에 숨겨두었던 억압의 과거 때문일까요?

2장

엄마는 몰라도
선생님은 아는 이야기

자기 학대가 습관이라니?

,

"죽고 싶어요…"

"그런 마음까지 드는구나. 그동안 많이 힘들었겠어…"

"엄마는 몰라요."

태양 빛이 너무 강렬해서 나가기 싫은 날, 에어컨에 선풍기까지 틀어놓은 나의 공간에 날카로운 금속의 소리가 들려왔다.

'끼이익…끼…긱…'

이름이 예쁜 아이

6년 전. 중학교 1학년, 젖살이 다 빠지지 않은 통통한 여학생이 상담을 받으러 왔다.

"선생님, 얘 꼴찌예요. 초등학교 때는 곧잘 했어요. 아마 문제를 제대로 풀지 않은 것 같아요."

바쁜 일이 있는 걸까, 말이 빠르고 급했다.

"제가 테스트를 해보고…"

"하나마나예요. 마음을 열지 않아서 대충 풀걸요 뭐. 그냥 중간까지만 만들어주세요."

'이런, 아이의 입장을 듣고 싶은데, 그리고 실력도 객관적으로 평가해야 하는데…'

"그럼 오늘은 아인이를 두고 어머님만 먼저 가세요, 제가 차근차근 테스트도 해보고…"

"그래요, 제가 일이 있어서. 아인아, 잘하고 와."

잘하라는 말이 테스트를 잘하라는 것인지, 선생님 말을 잘 듣고 오라는 것인지, 치부를 드러내지 말라는 것인지, 모호한 인사를 뒤로하고 아인이의 어머니는 회사로 갔다.

말이 없는 아이, 눈이 너무 커서 금방이라도 눈물이 쏟아질 것 같은 아이가 내 앞에서 고개를 들지 못하고 있었다. 그냥 보기만 해도 아이의 장점이 눈에 보이는데, 아인이와 빨리 친해지고 싶어서 예쁜 이름을 언급하면서 동갑 친구처럼 장난을 쳐보았다.

"아인이지? 이름이 참 예뻐! 눈도 참 예뻐! 고개 들어 봐! 더 예쁜 데 있나 찾아보자."

"전, 못생겼어요. 이름도 싫어요."

"그렇구나. 아인이는 못생겼구나. 선생님 이름보다 훨씬 예쁜 아인이라는 이름도 싫구나."

몸의 기울기를 바꿔 아이의 옆에 붙어 앉아보았다.

"선생님 이름은 정미야, 황정미. 마음에 안 들어. 어릴 때부터 엄마가 정미야! 정미야! 혼낼 때만 불렀거든."

아이가 반응했다. 고개를 들고 목소리 높여 장난치는 선생님의 얼굴을 쳐다보고 있다.

"아인아, 선생님은 장애인이야. 알고 왔지?"

눈이 더 커졌다. 맑고 예쁜 눈동자가 나만 바라보고 있었다.

"아인이가 꼴찌라고 하는데 선생님 눈에는 이상하게 아인이가 영리해 보이네."

"진짜 꼴등 했어요, 지난 중간고사에…."

아인이가 말하고 있는 것이 큰 문제가 아니라는 것을 인식시켜주고 싶었다.

"문제가 문제였구나. 어려웠어?"

"아니요. 일곱 과목 중에 세 과목을 마킹을 안 했어요."

'아, 그럼 그렇지. 이유가 있구나.'

"그랬구나. 마킹이 문제야, 마킹이."

"일부러 안 했어요."

"그때는 일부러 안 했구나…. 그럴 만한 상황이 있었겠지. 선생님이 물어봐도 될까?"

"말하고 싶지 않아요."

다시 고개를 숙이고 들지 않았다. 쉽게 마음을 열 것 같지가 않았다.

"그럼 테스트를 해볼까? 선생님이 일곱 과목 중에서 일부러 마킹 안 한 세 과목을 준비해볼게."

사회와 과학 그리고 수학을 프린트해서 각 열 문제씩 중간고사에서 해당되었던 범위로 테스트를 진행했다. 문제의 난이도를 아주 쉬운 것으로 했다. 마킹하는 것도 아니고 직접 풀어야 했고, 엄마에게 보여줄 것이라고 당부했다. 사회를 제외하고 수학과 과학이 만점이 나왔다.

"음, 아인이가 꽤 영리하구나. 역시, 마킹이 문제야 문제! 그날의 아인이 감정을 아직은 물어보지 않을게. 하지만 선생님과 코드가 잘 맞을 것 같은데. 봐봐, 지금부터 내가 아인이가 틀린 사회 문제의 범위 내에서만 설명해볼게!"

눈높이 수업을 진행했다. 주입식으로 사회의 내용을 설명하는 것이 아니라 설명과 동시에 암기할 수 있도록 30분 동안 세 문제의 내용을 반복적으로 물어봤다.

"열대기후는 습하고 벌레가 많아. 당연하겠지. 나무가 많고 비가 자주 오는 우림 지역이니까. 우림은 비가 오는 숲이라는 뜻이야. 그래서 집을 땅에서 조금 올려서 지어. 고상가옥이라고 하지, 고상가옥! 지면에서 올라오는 열기와 습기를 차단하고 해충의 침입을 막아주지. 고상가옥, 열대우림, 해충, 열기, 습기…."

이미 아인이의 눈은 나만 보고 있었다. 내가 열대기후와 고상가옥이라는 단어에 힘을 줄 때 눈으로 말했다, 듣고 있다고.

세 문제를 다시 풀게 했다. 반복적으로 설명하고 아인이의 입에서 나오도록 유도했으니 틀릴 수가 없지 않은가.

첫날 수업에서는 쉬운 문제로 접근하고 칭찬을 해주는 것이 유리하다. 이런 접근은 아인이처럼 자신감이 없고 말이 없는 학생에게는 특히 더 좋다.

"이야, 아인이가 세 과목 다 만점이다. 잘하네!"

이미 엄마가 원하는 "잘하고 와"는 성공이었다.

"잘하고 싶지 않은데."

"알았어. 하고 싶지 않을 때마다 이유만 이야기해줘. 그럼 해결해줄게."

"그냥 공부가 하고 싶지 않은 건데…."

"어떡하지. 공부가 하기 싫으면 선생님과의 인연은 여기까지인데. 엄마에게 '공부하기 싫어하니 받을 수 없어요'라고 말하면 될까?"

"아니에요…."

어쩔 수 없이 유도하는 질문이었지만 씁쓸했다.

나에게는 너무 느린 상담

대부분의 부모는 아이의 이익을 최우선으로 생각하지만 분명 문제 부모가
문제아의 직접적 원인 제공자인 경우도 존재한다. 많은 아이들이 해로운 습
관을 고치지 않아서 병원을 찾게 되고 아이의 치료가 시작된 후에도 부모
가 의사의 진단을 의심하고 아이를 위해 책임을 지지 않으려고 한다.
- 브루스 D. 페리·마이아 살라비츠, 《개로 길러진 아이》

아인이와 가까워지고, 아인이가 적극적으로 과외 수업에 참여해주자 처음
의 고개 숙인 이미지는 잊혀 갔다. 상담보다는 과외에 집중하고 싶은, 실력이 아
까운 학생이었다.

"선생님…, 저 선생님 집에서 살면 안 돼요?"

갑작스러운 요청에 준비가 안 되어 있었다.

"음, 아인이가 선생님이랑 살고 싶구나? 이유를 물어봐도 되겠니?"

"성적을 올리고 싶은데 집에 있으면 컴퓨터를 하게 돼요."

진짜 이유가 아닌 것쯤은 알 수 있지만, 아인이의 입을 통해서 스스로 내
면의 소리를 정리하게 하고 싶었다.

"엄마에게 도움을 요청해서 치워 달라고 해볼까? 아인이 의지로는 안 되는
거지?"

솔직한 고백으로 선생님의 마음을 얻고 싶었는지 다짐하듯 큰 눈을 잠시

감았다가 뜨면서 호흡을 깊게 했다.

"솔직히 말씀드릴게요…. 엄마 아빠가 저를 불편해해요. 제가 집에 있으면 외출도 하지 않고 수시로 제 방문을 열어봐요."

"그렇구나. 아인이가 말한 그 부분은 부모님의 관심이 지나치다고 해석해도 될까?"

"아니요…."

뭐가 문제일까, 우리의 대화가 겉도는 느낌이었다.

"아인아, 선생님이랑 드라이브 갈까?"

태양이 너무 강렬해서 자동차 창문을 열 수 없었다. 에어컨을 아주 세게 틀어놓았다.

"선생님, 추워요…."

나무가 만들어낸 그늘 가에 차를 세우고 제대로 대화를 해보려고 아인이를 쳐다보았다. 여름에도 긴 팔을 입었던 아인이는 긴 옷을 더 여미면서 오른손으로 왼쪽 팔을 계속 쓰다듬고 있었다.

'에어컨 바람이 너무 강해서 그런가.'

"아인아 그니까, 선생님 집에서 살고 싶다는 거지?"

"네…."

"단순히 부모님의 지나친 간섭 때문에?"

"지나친 간섭이 아니라, 제가 뭐하나 열어 보시는 거예요. 그러니까…."

아이가 갑자기 눈물을 보였다. 그리고 한여름 더운 날에도 긴팔을 입었던 아인이가 옷을 벗었다. 왼쪽 팔을 보여주기 위해.

나는 그날 선명하게 줄이 그어져 있는 아인이의 팔을 보았다. 칼로 그었는지는 모른다. 오선 줄을 만들어 내듯 다섯 개의 줄이 그어져 있었다.

아인이는 말했다, 어릴 때부터 부모님 사이가 좋지 않았다고. 서로의 외로움을 다른 상대와 해결하는 것 같다고 조심스럽게 털어놓았다. 밤마다 사라지는 부모님을 대신해 강아지를 분양받아서 길러도 보았지만 아인이는 여전히 밤이 무서웠다고 고백했다.

"나가지 말라고도 해봤어요…. 그때마다 맛있는 거 사온다고 책 읽고 있으라고, 숙제하고 있으라고, 졸리면 자라고 그랬어요…"

"혼자서 많이 무서웠겠구나."

"늘 새벽에 들어오셨어요…"

아인이가 혼자서 부모님을 기다리는 모습이 상상이 되자 나 자신이 유년 시절에 혼자 지내던 모습이 떠올라 객관적으로 들을 수 없을 만큼 가슴이 아파오기 시작했다.

"그때까지 깨어 있었던 거야?"

"네…. 그림 그리면서 기다렸어요. 내 방 문을 열고 확인할 거라 기대했는데 불이 켜져 있는데도 방문을 열지 않았어요…"

그때부터 자기의 존재를 드러내고 싶었다고 했다. 처음에는 학생으로서 어기지 말아야 할 규칙을 깨는 것부터 시작했다고 했다. 초등학교 저학년 때는 학교에 지각하는 것으로, 숙제를 안 해 가는 것으로 선생님들의 집중적인 관심을 받았다고 했다. 그렇게 하면 당연히 부모님께 연락이 가니까.

그때마다 부모님은 자기 때문에 싸웠지만 그게 싫지 않았다고 작은 목소리로 고백했다. 내 옆자리에서 왼쪽 팔을 보여주면서….

아인이 얼굴을 자세히 바라보았다. 아인이는 멍하게 하늘을 바라보면서 천천히 말을 이어 나갔다. 그 느린 호흡의 말들이 나에게는 진한 한숨을 몰아쉬는 것처럼 느껴졌다. 말을 하면서 계속 팔을 쓰다듬는 아인이의 행동이 자세히 쳐다보지 말아 달라는 암묵적인 표현으로 이해되자 팔을 쳐다볼 수 없었다. 차에는 아인이의 한숨이 깊게 내려앉았다.

"후…."

나는 앞으로 아인이의 고백의 강도가 당연히 커지리라 예감할 수 있었다. 아직 팔을 그을 만한 이유도 안 나왔으니.

이유를 제대로 물어보지 않는 어른들

태양빛이 강하게 내리쬐던 그날, 에어컨을 세게 켜도 답답하고 더운 마음에 창문을 다 열어 버렸다. 네가 털어놓을 아픔을 들을 준비가 되었다고 간접적으로 표현해주었다.

아인이는 오늘 다 말할 작정인가 보다. 이미 나의 집으로 들어오려고 마음먹은 것 같았다.

"제일 큰 사건은 6학년 때 있었던 일이에요. 일주일 동안 6교시 수업을 내리 다 잤어요. 담임선생님이 엄마와 상담을 해도 도저히 안 될 거라 생각했는지, 아니면 화가 많이 났는지 자고 있는 저의 목덜미를 잡아챘어요. 그리고 교단으로 끌고 가시더니…"

갑자기 오열했다. 아픔의 정도가 큰 이야기인 듯했다.

"아인아, 힘들면 다음에 이야기할까…"

아인이는 열어놓은 창문을 올리는 것으로 답을 했다. 마치 조용한 차 안에서 처음 고백하는 비밀 이야기를 단 한 사람, 선생님에게만 들려주는 거라 말하는 것 같았다.

"제 몸이 아이들 보는 앞에서 칠판으로 던져졌어요. 선생님이 제 머리를 칠판에 박게 했어요. 아주 큰 소리가 났어요…"

듣는 내가 화가 나서 더 들을 수 없었다. 울고 있는 아이를 안아 주는 것밖에…

아인이는 오열이 끝나자 명료하게 정리해주었다. 아이가 전달하는 문장이라고 할 수 없을 만큼 너무 정확하게 어른을 평가하고 있었다.

"왜 잠을 자는 건지 단 한 번도 물어보지 않고, 감히 자기 수업 시간에 잠을 자는, 자기의 권위를 무시하는 학생쯤으로 본 것 같아요, 그 선생님은"

"그랬구나… 힘든 시간을 보냈네. 그 사건 이후에 아인이가 말한 것처럼 엄마의 관심이 더 커졌겠구나…."

"네, 어느 정도는. 저를 위해 여행도 가고 외식도 하고 밤에 덜 나가시긴 했지만, 전 알아요. 그건 진짜 사랑이 아니에요…."

부모님이 권위만 내세운 학교 선생님의 행동을 문제 삼기보다는 다시 아인이를 감시하는 것으로 그 사건을 마무리했다는 느낌이 드는 고백이었다. 이유를 묻지 않고 아이에게 화풀이하듯 큰 상처를 안겨 준 선생님에게 부모님이 어떻게 대응했는지 물어볼 수 없었다. 나에게는 느린 상담이지만, 아인이가 회상하는 과거의 트라우마를 아인이의 속도로 지워 나가는 작업을 해야 했다.

"그러면 지난번 시험에 마킹을 하지 않고 시험을 봤던 이유가?"

"제가 다시 착한 아이로 보였나 봐요. 그리고 중학생이 되니까 혼자 있어도 된다고 생각했는지 더 자주 집을 비웠어요."

"그랬구나."

"시험을 백지로 내니까 이제는 서로 '네 탓이다'라면서 매일 싸웠어요. 집을 비우지는 않았지만 내가 '짐짝'처럼 느껴졌나 봐요. 그때부터 '이혼'이라는 단어가 수시로 나왔어요."

아이의 입에서 들려오는 싸움의 양상이, 책임 회피에서 이혼까지 그리고 자신을 짐짝이라고 정리해서 이야기해주니 그 단어들이 나의 가슴에 송곳처럼 박히기 시작했다.

곧 말할 것 같았다. 왼쪽 팔에 그은 다섯 개의 오선 줄이 왜 그어졌는지….

"아인아, 선생님 얼굴 좀 보자."

이미 많이 울어서 퉁퉁 부어버린 눈, 그 눈을 한참 들여다보았다. 선생님은 '네 편'이니까 다 말해도 된다고 말해주고 싶었다.

"아인아, 이야기하다가 힘들면 그만 말해도 돼. 울고 싶으면 엉엉 울어도 돼."

웃는다. 아인이는 그렇게 오히려 내게 웃어주었다. 선생님이 마음으로 공감해주었으니 듣는 선생님이 아파하지 않기를 바라는 얼굴이었다. 그리고 이어갔다.

"저는 이제 사람들과 말하지 않기로 했어요. 사람들은 고개 숙이고 다니는, 어깨가 처져 있는 나에게 관심조차 없었어요. 이유도 묻지 않았어요. 전 그냥 조용한 왕따였어요…."

중학교 생활이 더 엉망이 되자 부모님은 병원을 가거나 상담을 의뢰하는 것이 아니라 유명한 과외 선생님을 찾아다녔다고 했다. 공부로 더 몰아쳤던 부모의 판단은 아인이를 더 외롭게 했다고 했다.

결국 우울증으로 병원을 찾았지만 의사 선생님에게 '부모의 책임'이라는 직격탄을 맞은 부모님의 해결책은 자기를 병원에 두고 오는 것이었다고 고백했다.

"아, 그래서 공부방을 안 왔던 거구나…."

"네. 근데요, 병원에서 지낼 바에야 선생님 집에서 지낸다고 하면 오히려 좋아할 거 같았어요. 공부를 오래 한다는 이유만으로도 '짐짝' 같은 저를 해결할 수 있잖아요…."

　굳이 '문제 부모가 문제아를 만든다'는 전문가의 말을 인용하지 않더라도 아인이는 이미 만들어진 문제아였다.

　그날, 결국 팔의 상처에 대해서까지 들을 수는 없었다.

　너무 많이 털어놓은 아픔의 무게가 산처럼 쌓여 가서 듣고 있는 나의 얼굴이 일그러지는 것을 아이가 보았으니, 아인이는 "다음에 더 이야기해요, 선생님 집에서. 선생님, 저…, 선생님하고 살아도 돼요?"

　그런 아이였다. 겉으로만 보면 사고 치는 아이, 늘 조는 아이, 눈이 풀려 있는 아이, 고개 숙이고 어깨가 처진 아이였지만 어른들의 얼굴을 살피며 피해를 주고 싶지 않아 하는 어른보다 더 큰 아이였다.

　"선생님은 아인이와 살아도 돼. 그래도 부모님하고 의논하고 시간을 두고 결정하자."

　회피하는 답변은 아니었다. 아쉬워하는 아이를 집에 데려다주고 한 시간이 넘도록 차를 몰았다. 상담을 잘한 건지, 아이를 맡아야 하는 건지, 그리고 아이와 제대로 대화하지 않는 부모님을 원망하는 생각의 꼬리들이 나로 하여금 똑같은 방향으로 계속 운전하게 했다. 틀어놓은 노래가 한 곡 재생인지도 모른 채.

아이의 안식처, 케렌시아가 되어주다

케렌시아

스페인어로 케렌시아(Querencia)는 피난처, 안식처를 의미한다. 케렌시아는 원래 투우장에서 마지막 일전을 앞둔 소가 잠시 쉴 수 있도록 마련해놓은 장소를 지칭했는데, 요즘은 일상에 지친 사람들이 몸과 마음을 쉴 수 있도록 재충전하기 위한 곳이라는 의미로 쓰인다.

아이들의 점수를 올려 주기 위해 바짝 신경을 쓰느라 더욱 긴장감 넘치는 시험 기간, 잠시 잊고 있었다, 아인이를.

나는 시험의 압박감을 거친 언어의 수업으로 토해 내며 아이들에게 성적 향상을 위해 노력할 것을 수시로 당부했다. 수백 개의 영어 단어를 암기시키고 본문 분석을 해주면서 잠시 아인이의 얼굴을 외면하고 있었다.

"자! 한 달 뒤에 9월 중간고사야. 각자 올려야 할 과목들을 분석하고 수업이 끝난 후에도 밤 12시까지 자습하다 가는 걸로!"

불편한 장애인 선생님이 잘 움직일 수가 없기 때문에 아이들은 알아서 내 옆자리를 차지하려고 했다. 그때마다 아인이는 맨 끝자리에 앉아 있었다. 다른 친구들은 아인이가 배려를 한다고 생각할 것이다. 착한 아이가 끝에 앉아 주는 것만으로도 선생님의 옆자리를 독차지할 수 있다는 생각만 할 것이다. 이곳에서도 아인이는 친구가 없었다.

잠시 잊고 있었다, 아인이를.

새벽에 울리는 전화는 나에게 누군가의 소리 없는 아우성이었다.

"선생님, 아인이가요. 선생님 집에서 살고 싶대요. 애가 왜 이래요. 자기 학대를 습관적으로 하네."

잘못 들었나. 학대, 습관이라는 단어를 이런 상황에 나에게 전화해서 하고 싶었나. 순간 아인이가 고백했던 비밀들을 아인이 부모님에게 말해주면서 화내고 싶었다. 하지만 다른 누구보다도 간절하게 '엄마에게는 비밀'이라고 부탁하지 않았던가.

"네, 어머니. 간단하게 짐 챙겨주세요. 데리러 갈게요…"

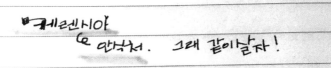

그리고 짐과 함께 아인이는 짐짝처럼 내 차로 옮겨졌다. 그리고 마주한 아인이의 팔에는 이미 여섯 번째 줄이 그어져 있었다.

물어볼 수 없었다. 그저 그 새벽, 아인이가 좋아하는 최낙타라는 가수의 '팔베개'를 무한 재생해주는 것으로 위로해줄 수밖에.

처음에는 음악이 위로를 준다고 생각했습니다. 하지만 아인이는 음악을 통해 '잃어버린 소리'를 찾는다고 했습니다. 자신의 존재감이 음악을 통해 살아난다고 했습니다. 눈물이 났던 밤입니다.

아인이와 나는 중학교 1학년부터 고등학교 3학년까지 6년을 함께했다. 아인이에게 그 아이만의 케렌시아를 만들어주고 싶었다. 말하지 않아도 아픔을 이해해주는 단 한 사람이 되어 편하게 쉴 수 있는 공간을 제공해주고 싶었다. 중간중간 집으로 돌아가기도 했지만 그때마다 사인을 보냈다. 수업 시간에 자는 것으로, 그리고 초점 없는 눈빛으로 '제가 지금 우울증 약을 먹고 있어요.'라는 사인.

그리고 다시 공부방으로 짐을 싸고 다시 들어오는 그런 세월이 아인이와 함께한 6년간의 기록이었다. 불 꺼진 방에서 아인이가 아파했던 이유들을 하나씩 토해 내게 하는 것, 그것이 나의 상담의 전부였다.

어느 날, 아이유가 주인공으로 나오는 〈나의 아저씨〉라는 드라마를 같이 보고 있었다. 그때 아인이는 그 어두운 주제를 다 이해하고 나에게 고백했다. 세상이 사람을 보는 관점이 너무 외모에만 국한되어 있는 것이 싫다고 말했다.

고개 숙이고 살아 봤던, 같은 아픔을 가진 아인이와 나는, 아이유가 드라마에서 신고 있던 더러운 운동화를 같이 보고 있었고, 밥을 먹지 못해 아르바이트하는 곳에서 손님이 남긴 반찬을 몰래 먹는 그 장면에서 같이 울었다. 아인이는 자기와 같은 마음을 가진 단 한 사람을 원했던 것이다. 아인이가 편하게 자고 먹는 나의 공간이 케렌시아가 되어 가고 있었다.

그러나 나와 함께 산다고 해서 아인이가 가슴 저 밑바닥에 숨겨 놓은 아픔들을 다 해결할 수는 없었는지 가끔 1층 문 밖에서 뭔가 날카로운 금속으로 대문을 긁기도 했고, 바람 쐬고 온다고 나가서는 서울의 어느 지하철역에서 내게 전화를 걸어 오기도 했다.

그때마다 '나도 별수 없구나' 자괴감이 들기도 했고, 왜 같이 살아야 하는지 숨죽여 울기도 했다.

"아인아, 집으로 돌아갈까?"

"왜요…? 제가 힘드세요?"

나는 서둘러 대화를 마무리했다. '선생님도 제가 짐짝 같아요?'라는 말은 듣고 싶지 않았기 때문이다. 그리고 다시 내가 한 일은 아인이를 위해 아인이가 가장 좋아하는 일, 가장 듣고 싶어 하는 말, 가장 좋아하는 음식들을 기록해 가며 아이를 웃게 해주는 일이었다. 왼쪽 팔에 있는 여섯 개의 줄이 희미해지길 기다리며….

아인이는 이제 대학생입니다. 볼이 통통하고 귀여웠던 중학교 1학년, 막막했던 그때를 떠올리면 이렇게 옆에 있어주는 것만으로도 감사하고 감사합니다. 그리고 밤마다 되새겨 봅니다. '길이 닫힐 때 불가능을 인정하고 그것이 주는 가르침을 발견하라' 말하는 파커 J. 파머의 말을.

앞으로도 수없이 '닫힌 길'을 발견하겠죠. 그럴 때마다 6년의 세월 끝에 스무 살의 예쁜 대학생이 되어 있는 아인이를 떠올릴 것입니다. 그냥 들어 주는 '단 한 사람'이 되어주는 것, 그냥 천천히 얼굴 봐 주고 "예쁘다, 예쁘다" 관심 주는 것, 그것만으로도 아이는 숙녀로 클 수 있기 때문이죠. 저는 오늘도 햇빛 쏟아지는 카페에서 그 예쁜 숙녀와 브런치를 먹고 있습니다.

"선생님 뭐하세요?"
"아인이구나. 어디야?"
"길거리요…"

아직도 아인이의 전화를 받을 때는 준비 호흡이 필요합니다. 아인이가 좋아하는 악동뮤지션의 〈집에 돌아오는 길〉 가사처럼 '가로등이 줄지어 굽이진 벽돌담이 날 조이는 골목길을 지나' 어둑어둑한 달밤 하늘에 가족 얼굴 그리다가 집으로 들어가겠지요. 그저 믿어봅니다.

"새는 투쟁하여 알에서 나온다. 알은 세계이다. 태어나려는 자는 하나의 세계를 깨뜨려야 한다. 새는 신에게로 날아간다."
- 헤르만 헤세, 《데미안》 중에서

가난이라는 굴레 속에서 우리는 방 한 칸에서 여섯 명의 식구가 함께 자야 했다. 그 방에서 사춘기를 끝낸 언니는, 자기 인생을 살기 바쁜 오빠들과 늦은 밤에 들어오는 엄마의 일을 대신하고 있었다. 그 유일한 말동무이면서 친구였던 언니가 중학교에 올라가면서부터 달라지기 시작했다.

"내가 식모야? 식모냐고?"

누가 밥을 뺏어 먹기라도 하듯 허겁지겁 음식을 우겨 넣었던 그날, 언니는 가출하고 없었다. 언니가 사라진 날, 나는 다락으로 올라갔다. 가족의 온기가 남아 있지 않은, 버려진 그 공간으로 올라갔다.

'가버려. 집에 들어오기만 해봐. 혼자 있는 것 따위 무섭지 않아.'

다락을 천천히 둘러보았다.

'이상하다. 이사 가면서 누가 책을 두고 갔지?'

접해보지 않은 책들. 《데미안》, 《이방인》, 《여자의 일생》….

제목도 생소했지만 작가의 이름은 영어로 쓰여 있어서 읽어낼 수도 없었다. 먼지를 털어내고 책을 한 권 집어 들었다.

'《데미안》?'

그 한 사람 한 사람이 어떻게든 자연의 뜻을 충족하며 살아가는 한, 대단한 존재이며 충분히 주목받을 가치가 있다.
 - 헤르만 헤세, 《데미안》 중에서

'누가 살던 곳일까? 누가 두고 간 책일까?'
혼자 눕기에도 좁은 다락방 끝, 밖에서 보면 창문인지도 모를 아주 작은 창문을 열어젖혔다.
버려진 공간, 그 관심 없는 공간이 나의 유일한 숨통이 될 것 같았다.
'이 책을 두고 간 사람은 몇 살일까? 남자? 여자?'
그때 찢어지고 색이 바란 종잇조각이 떨어졌다.
[너를 가장 사랑해야 할 사람은 바로 너야. 넌 그 자체로 소중해.]
순간, 속살이 다 보이는 기분이 들었다.
'누구야, 도대체⋯.'
그때, 아무도 없는 다락은 나의 아지트가 돼주었다. 학교에서 돌아오면 다락에 누워 책을 읽었다. 내용이 어려우면 어려운 대로, 가끔은 어른이 읽어야 할 책일 수도 있겠다 싶은 부끄러운 대목에 취하면서 다락방 친구가 두고 간 책들을 닥치는 대로 읽었다.
"황정미, 너는 운동회 날, 할 수 있는 게 없으니까 교실에 있거나 아니면 응원석에 앉아 있어."
운동회는 나에게 그냥 앉아 있다 돌아오는 빈 축제 같은 의미였다. 그러나 스스로 나서서 응원단장 자리를 얻어낸 나는 400미터 계주에서 실패하고 돌아온 욕쟁이 남자아이를 위해 "괜찮아! 괜찮아!"로 응원을 유도했다. 그때 그 남자아이는 "병신년아, 꺼져!"라며 내 목발을 고의로 걷어찼다. 바로 그날도 어김 없이 나는 책을 읽었다.

가출하고 돈이 떨어지면 들어왔던 언니가 나에게 버스 여행을 제안하고 처음 으로 집을 벗어났던 그날, 너무 행복해서 조잘댔던 그날,

"정미야, 언니 없어도 잘 지내야 돼…"

집에 들어와 다시 돈을 챙겨 집을 나간 언니의 부재의 그날에도 나는 책을 읽 었다.

"어디서 지내다가 들어온 거냐!"

또다시 돈이 떨어지면 집에 들어와 엄마와 오빠에게 흠씬 맞고 치질에 걸린 백수 아버지 팬티를 빨면서 언니가 울고 있던 그때,

"언니, 이제 들어오지 마!"라며 마음에 없던 말을 내뱉고 다락에서 울었던 그 날도 나는 책을 읽었다. 책이 없으면 어떻게 살았을지 모를 정도로 나는 책을 읽었다. 고맙기까지 했다. 책이 나의 허기를 채워줘서.

보기 싫은 그림자는 수치심과 죄책감을 느끼는 자기의 또 다른 얼굴이다.
- 칼 융

초등학교 6학년 끝 무렵, 아이들의 환호성으로 교실이 들썩대고 있었다. 서울 에서 전학 온 지훈이가 생일 파티를 연다는 것이다.

"내일 내 생일인데 올 사람?"

왜 그랬는지 나는 용감하게 다가가 나도 가고 싶다고 말하고 싶었다. 나가려는 순간, 나의 네 발 위에 아이들의 함성이 포개지고 나보다 빠르게 아이들이 지

훈이의 자리로 뛰어갔다.

다가갈 수가 없었다. 순간의 멈칫거림이 지훈이의 생일 파티를 갈 수 없는 자격 없는 사람으로 몰아가기 시작했다. 돌아서는 목발 짚은 소녀의 등에 "너도 올래?" 지훈이의 친절한 목소리가 들려왔다.

가고 싶은 마음과 달리 습관적으로 말이 나와 버렸다. "괜찮아."

그날, 집으로 돌아가면서 후회가 몰려왔다. 목발이라는 온기 없는 두 발을 '덤'으로 들고 있다는 것이 '죄악의 결과가 아니란 것쯤은 알고 있었다. 교과서의 활자가 아니라, 교실의 도덕 수업이 아니라, 《데미안》의 충고에서, 아니 다락방에 책을 두고 갔던 책의 원래 주인으로 인해.

'내일 그냥 생일 파티에 가야지. 그래, 그래, 잘 생각했어. 용기 내 보자!'

그때, 우리 집 초록색 대문 앞에 누군가 서 있었다.

'지훈이인가? 초대장 가지고 왔나?'

꿈같은 일이 벌어지길 기대하면서 목발에 힘을 주어 한 걸음 한 걸음 발길을 재촉했다. 집 앞의 그를 보기 위해. 잘못 봤나. 눈을 찡긋대며 다시 확인해보았다.

'아…, 아니네. 누구지?'

"누구세요?" 그가 돌아섰다.

"아, 전에 여기 살던 사람인데요…"

그 순간, 그가 다락방, 책의 주인이라는 것을 직감할 수 있었다. 갑자기 몸이 떨려왔다.

나는 몸을 돌려 긴 골목을 벗어나려 애썼다. 아니, 도망쳤다. 그곳이 나의 집인데 들어갈 수가 없었다.

'아, 《데미안》의 충고가 뭔데? 쪽지의 주인이 뭔데?'

방금까지 장애는 죄악의 결과가 아니니 당당해지겠다고 결심했던 그 용기는 사라졌다.

"왜, 왜 네 발인데! 왜 장애인이냐고!"

네 개의 발, 목발을 짚고 서 있는, '나와 닮아 있는' 다락방 동지로 인해 책에 빠져 살던 나는 결국 공부 잘하는 학생이 되었고 불의 앞에서, 편견 앞에서 당당할 수 있었다. 책이 주는 선물은 그렇게 사춘기 소녀를 성장시켰던 것이다. 그 때 못했던 인사를 건네고 싶다.

"나와 닮아서 나의 그림자였던 다락방 친구여! 이제는 압니다. 책을 두고 가면서 깨알 같은 글씨로 누군가를 위로해주었던 그대의 의도를. 그리고 고맙습니다. 나에게 '책'을 선물해주어서…."

또래의 작은 관심에도 설렜던 순수한 그때, 버려진 다락의 공간에서 책으로 위로받았던 그때를 떠올려봅니다. 외모만 다를 뿐 똑같은 감성을 가지고 있는데, 화병이 꽃을 기다리듯 감성의 폭은 여느 아이들과 똑같은데, 1970년 대는 장애인 소녀를 품지 못했습니다. 오히려 같은 장애인이 두고 간 선물, 그 '책'이 주는 지혜의 깊이로 고개 숙인 아이들의 아픔을 이해할 수 있는 마음의 '폭'이 생긴 것 같습니다.

나와 닮은 아이

,

1층 공부방 입구로 기어갔다. 하늘이 흐리다. 비가 올 것 같았다.

'자, 오늘도 힘내 보자.'

손으로 무릎을 세워 아름다운 공간, 나만의 책상에 앉았다.

"선생님, 선생님! 누구 오셨는데요."

불편한 몸을 대신해 방문자를 확인해주는 가족 같은 제자, 찬민이가 불렀다.

빨간 원피스에 긴 머리, 학부모라고 하기에는 앳돼 보였다. 원피스와 외모로 부각된 학부모의 옆에는 어머니와 나의 상담 내용에는 관심이 없는지 갖고 온 책을 읽기만 하는, 6학년이라고 보기 어려운 작은 체구의 아이가 앉아 있었다.

"하율아! 상담할 때는 책 치워야지!"

아이의 어머니는 미소는 짓고 있지만 목소리는 화가 난 이중적인 언어로 예의 바른 자세를 요구했다.

"아…, 학생 이름이 하율인가요? 하율이?"

"네, ○○○초등학교 이하율이요."

늘 그렇듯, 아이의 엄마는 아이의 현재 부족한 과목을 이야기하고 도움을 요청했다. 하지만 일반적인 아이들과 달리 하율이는 상담 내용을 경청하지 않고 계속 책을 읽고 있었다.

"하율이, 책을 좋아하는구나. 무슨 책 읽어?"

"《킬리가리 박사의 밀실》이요."

관심을 유도하는 여러 질문에도 하율이는 제목을 한번 알려주고는 계속 책에만 집중했다.

아이의 엄마는 한숨을 내쉬고 이내 묻지도 않은 아이의 단점을 나열하기 시작했다.

"미치겠어요. 시험 기간에도 본인이 읽고 싶은 책만 읽어요."

"책을 읽는다는 것이 부모의 기쁨이 될 수 있는데 어머니는 책 읽는 것이 아이에게 불필요하다고 생각되는 거군요?"

어머니는 '책'이라는 단어에 민감한 반응을 보이면서 하율이가 들으라는 듯 큰 목소리로 대답하셨다.

"공부도 하고 자기 할 일을 해놓고 읽으면 뭐라 하겠어요. 그냥 책만 읽어요. 그것도 위인전이나 자기계발서 같은 책이 아니라 어른들이 읽을 법한 《데미안》이나 《이방인》 같은 책이요."

그 순간 잘못 들은 줄 알았다. 나의 열두 살, 미치도록 파고들었던 고전문학의 제목이 하율이가 좋아하는 책이라니….

"선생님, 자리는 있는 거죠? 당장 오늘부터 했으면…."

"엄마, 그건 약속과 다르잖아요!"

책에 빠져 상담하는 동안 쳐다보지도 않았던 하율이가 화가 난 듯 엄마에게 의견을 피력했다.

"엄마, 상담하고 나서 저와 의논하고 결정하기로 했잖아요?"

아이답지 않게 다부지고 당찬 언어의 힘이 있었다.

'책을 읽어서인가….'

"시간이 없어, 하율아. 선행도 해야 하고, 할 게 얼마나 많은데 넌 책만 보잖아."

"엄마, 책을 좋고 나쁘다의 개념으로 평가하지 말라고 했잖아요. 제가 숙제를 안 하거나 학원을 빠진 적도 없잖아요!"

예측하지 않은 분위기였다.

"하율이가 아직 준비가 안 됐구나. 오늘은 상담을 예약하고 온 것이 아니라서 선생님이 수업을 해야 하니 너와의 첫 만남은 여기까지 해야겠구나. 어머니, 제가 연락드리겠습니다."

찬민이와 수업을 하면서 하율이의 눈동자를 잊을 수가 없었다. 궁금했다,

그 아이의 세계가. 그리고 문득, 나의 사춘기 시절이 스쳐 지나갔지만 바쁜 일상으로 묻혀갔다.

다음 날, 1층 창밖으로 초등학교 아이들이 하교하는 모습이 보였다. 참새 떼가 짹짹거리듯 굉장한 소리의 에너지를 가진 아이들의 무리가 나의 공간을 지나갈 때, 하율이 어머니가 두 번째 방문으로 과외를 결정하는 상담을 요청했다.

"하율이, 결정했구나. 반가워! 잘해보자!"

"선생님 잘 부탁드립니다. 수업 시간에 책을 읽으면 전화 주시고요. 진도 팍팍 뽑아 주시고요."

"엄마!"

어떤 부분에서 마음에 걸렸을까? 하율이는 날카롭게 엄마를 쳐다보았다.

"알았어. 선생님, 안녕히 계세요. 잘 부탁드려요."

아이만 두고 도망치듯 나가던 발걸음을 멈추고 돌아와서,

"선생님, 책을 보면 뺏어주세요…."

아이가 들을까봐 작게 속삭이면서 한 번 더 강조했다. 그렇게 여러 번 당부하는데 나로 하여금 결심을 다지게 만드는 것이 아니라, 아이를 전적으로 나에게만 맡기고 한시름 놓았다는 안도의 모습만이 잔상에 오래도록 남아서 마음이 무거워졌다.

'후…, 또 하나의 무게감 있는 수업을 진행하겠구나.'

공부방 시스템에 적응을 하고 수업 진도가 학교 시험 범위까지 다 나가자, 하율이는 보란 듯이 책을 꺼내서 읽기 시작했다.

'선생님, 책을 보면 뺏으세요.'

하율이 어머니의 음성이 실시간으로 전달되는 느낌이 들었다.

"하율아, 과외 수업 중인데 책은 집에 가서 읽을래?"

"아, 진도 다 나가서 자습하는 줄 알았어요. 집어넣을까요?"

반문하는 아이의 얼굴은 책을 치우겠다는 의지가 비친다기보다는 선생님의 답변이 어떻게 나올지 기대하는 모습이었다.

"좋아! 오늘은 하율이가 읽고 있는 책 좀 보자."

의외의 답변이었을까, 기분이 좋아진 하율이는 반쯤 읽은 책의 주제를 저자의 마음으로 풀어주고 있었다. 너무 감정이입을 해서 중간에 끊을 수 없을 정도로 몰입하면서 말이다. 그때부터 우리는 책을 토론하고 주인공의 마음을 이해하고 어른들의 세상을 비판하는 시사토론회의 패널이 되어갔다.

시간을 빌려주었을 뿐인데도 너는 말하고 싶었구나

날이 너무 화창해서 파란 하늘 사이로 흘러가는 구름을 눈으로 따라가다 보니, 실내에서 공부하기에는 아까운 날씨였다. 아이들에게 야외수업을 제안했다. 장애인이기 때문에 걸음의 수가 제한된 장소를 골라야 했기에 바다가 보이는 집 근처 전망대로 차를 몰고 나갔다.

소풍을 가는 어린아이처럼 소리도 지르고 아이들의 질문에 큰 소리로 맞장구쳐주면서 그리고 '초등학교 6학년 야외수업에 맞는 모습이야'라고 생각하면서 백미러로 뒷자리의 하율이를 바라보았다. 창밖을 바라보며 초점이 없는 하율이의 눈이 마음에 걸리기 시작했다.

"하율아, 공부방에서 공부하는 것보다 야외로 수업 나오니까 신나지 않아?"

"네…."

하율이는 들릴 듯 말 듯 작은 목소리로 대답하더니 여전히 풀린 눈으로 창밖을 응시하고 있었다.

"음, 하율아, 요즘은 어떤 책 읽어?"

"그냥…, 아무거나요."

야외수업의 흥미나 날씨의 화창함은 이미 하율이의 마음에 없는 것 같았다. 전망대에 도착하자 남학생들은 각자의 공간이 있는 듯 뛰어나갔다.

"하율아, 힘든 일 있어?"

"…."

"오늘은 하율이의 생각 데이(day)로 하자. 선생님은 조용히 있을게."

"선생님은 자살에 대해서 생각해본 적 있으세요?"

우려했던 말이다.

생각이 깊거나 부모님과의 마찰이 있는 아이들은 나와의 관계가 깊어지면 가슴속 깊이 담아 두었던 자신의 이야기를 꺼내곤 했다. 그런데 오늘은 야외이지 않은가, 무거운 주제로 다른 아이들의 야외수업 분위기를 깨고 싶지 않았다. 하지만 하율이의 '저 힘들어요.'라는 신호를 무시해버리면 하율이가 마음을 닫을 것 같았다.

야외수업을 마친 후 다른 친구들을 집에 데려다주고 하율이와 차 안에서 대화를 시작했다.

하늘은 태양의 뜨거움이 식어가면서 주황색 노을빛을 토해내고 있었다.

'상담하기에 적격인 시간이네…'

"하율아, 선생님하고 친구 맞지? 선생님이 하율이가 하는 말 가슴에 담아 두고, 기도할 때만 꺼낼 거야. 편하게 이야기해도 돼."

"…언니가 있어요, 여섯 살 차이가 나는. …오빠가 있어요, 세 살 차이가 나죠. 오빠는 자폐아예요…"

호흡을 끊을 수가 없었다. 좋아하는 책의 주제를 설명하듯 가족의 이야기를 소설처럼 담담하게 말하고 있었다.

"언니는 사춘기를 심하게 표현했어요. 몸으로, 입으로 표현했어요. 공부를 안 하려 했고, 엄마는 언니를 기다려주지 않았어요."

말하는 중간에 [그랬구나…]조차 넣을 수 없었다. 이미 하율이의 눈은 언니의 사춘기 시절로 돌아가 있었고 엄마의 행동이 잘못됐다는 것을 말하고 있었기 때문이다.

"밤마다 노트북을 몰래 보는 언니와 그걸 뺏으려는 엄마 사이에서 전, 노트북이 아니라 책을 보고 있어야 한다고 생각했어요."

시점이 언니와 엄마에서 자기의 이야기로 바뀌자 하율이는 눈물을 보이기 시작했다.

"엄마와 언니가 다투면, 오빠가 소리를 질러요. 선생님 들어봤어요? 늑대 같아요. 오빠가 알아들을 수 없는 괴성을 질러요. 그러면 아빠가 들어와요. 오빠를 폭력으로 제압해요."

하율이가 고개를 들지 않고 있었다. 아이에게 더 노출을 시킬지, 개입을 할지 결정해야 하는 순간이었다.

"하율아, 아주 힘든 이야기를 털어놓아 주어서 선생님은 정말 고마워…."

휴지를 건네면서 잠깐의 '자아도착' 시간을 갖게 했다. 하율이에게도 어느 정도까지 이야기를 해야 할지 시간을 갖게 하는 것이다. 단순한 호응이나 격려를 하게 되면 '자기개방' 이후에 선생님 얼굴을 마주하기 어려워하기도 하니.

"하율이는 책을 좋아하는 거야? 아니면 책을 볼 수밖에 없었던 거야?"

"지금은 좋아해요. 행복해요. 책을 읽으면 잡념이 사라져요. 그런데 이제는, 책을 보면 뺏어가요!"

"그랬구나. 하율이가 책을 좋아하는데 엄마는 뺏어가는구나…. 책을 뺏어가면 하율이는 기분이 어때?"

"반항하고 싶어져요. 책 속의 영웅들처럼 대항하기도 해요."

아이의 얼굴빛이 달라지기 시작했다. 다시 책의 주제를 설명하는 친구의 얼굴이 되어가고 있는 것이다.

하율이에게 과외가 아닌 상담자의 역할을 자처한 것은, 자살이라는 무거운 주제가 사실 친구의 지지만 있으면, 들어주는 사람만 있으면, 사라질 수 있는 단어라는 것을 익히 알고 있었기 때문이다.

긴 대화 끝에 다음 수업을 이유로 상담을 마무리하려고 하자 하율이는 말했다.

"선생님, 오늘 이야기 비밀로 해주세요. 음…, 근데 앞으로도 이렇게 이야기 들어주시면 안 돼요?"

"그래 어디 보자, 하율아! 하율이가 학교에서 바로 오면 45분씩 대화할 수 있겠다!"

그날 이후, '엄마는 모르는 이야기'가 나의 마음속 일기장에 쌓여갔다.

그날 밤, 나는 잠을 이룰 수가 없었다.

'아이잖아…' 하기에는 너무도 깊은 내면의 울림을 주는 열두 살의 삶이 내게 아프게 다가왔다. 그날 이후로 하율이와의 대화는 책을 논하거나 세상 이슈를 나누는 수준을 넘어섰다. 하율이는 이제 공부 시간이 끝나면 쪽지를 한 장씩 주고 갔다. 내가 일일이 상담해줄 시간이 없다고 느꼈을 것이다.

하율이가 나를 배려하는 기분이 들자 매일 매 순간 하율이와 나눈 대화가 신경이 쓰였다. 그리고 매일 꿈을 꾸었다. 하율이의 꿈인지 나의 어릴 적 꿈인지 모를, 아픈 과거의 꿈을.

이제는 하율이가 아니라 나의 유년기의 아픔이 목구멍까지 차올라서 유행가 가사에도, 아이들의 선한 웃음 뒤에도 눈물이 차오르기 시작했다.

안 되겠다, 이대로는.

24시간으로도 모자라다, 너희를 품어주기엔

7년 전, 하율이와의 수업 이후, 한 명 두 명 아이들의 마음속 이야기를 들어주는 시간을 가지며 저는 공부를 가르치는 방식을 완전히 바꾸게 되었습니다. 아이들의 성적을 단기간에 올려줄 수는 있었으나, 성적을 유지하기에는 여러 가지 방해 요인이 등장했습니다. 부모님과의 갈등이나 충돌은 오히려 사소하고 가벼운 이야기에 불과했습니다.

아이들이 저에게 마음을 열어놓기 시작하자 '교회를 다니는 선생님'의 선한 마음가짐과 '이웃을 사랑하라'는 기독교의 계명을 지키려는 마음만으로는 감당하기 어려운 주제들이 제게 쏟아졌습니다.

본격적으로 상담심리를 공부하고 자격증을 취득하고 보석 같은 아이들을 살려내는 일을 시작했습니다. 그 일이 제가 했던 '24시간 밀착 수업'입니다.

부모와 '심리적 거리감'이 필요한 아이들이 저를 찾아와 준다면 그 어떤 이유와 제약 없이 아이들을 품기 시작했습니다. 같이 잠을 자고 같이 밥을 먹고, 같이 대화를 하고 같이 공부를 했습니다.

어떻게 되었을까요?

고개를 숙이고 다닐 만큼 바닥이었던 '감정욕구'가 살아나자 아이들은 눈빛부터 달라지기 시작했습니다. 잠시 보고 헤어질 과외 선생님이 아니라 계속 후원해줄 '자기편' 선생님이라는 것을 알았던 것일까요? 고개를 들고 다니기 시작했습니다.

가족과 물리적으로 잠시 떨어져 지내면서 부모를 이해하게 되었고 반복적인 '정화' 작업으로 아이들의 성적은 수직으로 상승했습니다. 더 이상 올라갈 곳이 없는 정상의 아이들은 그 정상을 유지해 냈습니다.

이 책은, 기어 다니면서 밥을 차려주고 무릎을 손으로 지탱해야 의자에 앉을 수 있는 장애인 선생님이 아이들의 마음을 어떻게 변화시켰는지 보여주는 진짜 이야기입니다.

단순하게 성적을 올리는 비법만 찾아 읽으셔도 됩니다. 하지만 자녀를 잘 키우고 싶은 부모님들이 이 책을 펼쳤다면, 마음의 거울을 준비해주시길 바랍니다. '미러링(mirroring: 거울효과)'만으로도 우리 아이와 행복할 수 있으니까요.

저는 압니다.

"과외를 시켜도 성적이 안 나와요."

[아니요, 성적이 안 나오는 것이 아니라 못 나오는 겁니다.]

"선행시켜주세요. 공부만 가르치세요. 사적인 대화는 하지 말아주세요."

[정상의 자리는 아픔을 털어내야 유지합니다. 정상을 찍는 것에서 끝내면 안 됩니다. 정상에서 같은 하늘을 오래도록 바라보기를] 저는 간절히 바랍니다.

책을 통해 질문하는 아이

기말고사가 끝났다.

쪽지로 대화했던 하율이는 본격적으로 45분씩 나에게 대화를 요청했다. 그러나 대화의 내용으로 보나 그 깊이로 보나 45분으로 마무리할 수가 없었다.

어느 날은, "선생님, 비 좋아해요? 전, 비가 좋아요."

특유의 담담한 어조가 '비 좋아하지 않아도 돼요. 전 비를 좋아한다고요. 그냥 그렇다고요. 선생님은 제 옆에만 계시면 돼요.'로 들렸다.

친절함이나 이벤트로 아이를 들뜨게 해줄 필요가 없었다. 하율이는 그냥 말할 상대가 필요했던 것이다. 아니, 편하게 책을 읽을 공간이 필요했을 수도 있다.

"선생님, 그거 알아요? 선생님 공부방은 나미야 잡화점 같아요."

말없이 공부하다가 턱을 괴고 나를 한참 쳐다본 후에 나온 첫 마디였다.

"아, 《나미야 잡화점의 기적》? …히가시노 게이고?"

"네."

"선생님 공부방이 왜? 어디가 닮았어?"

"고민 상담을 편지로 주고받을 수 있고, 고민 해결 방법이 특이해서요. 추리적이지 않지만 결국, 추리적인."

틀렸다고 지적하고 정확하지 않으면 말하지 않았던 하율이의 대화 양상을 알기에 특이하다는 단어 하나로도 이미 가슴이 설레기 시작했다. 어린아이처럼 웃으면서 물었다.

"음, 어렵다. 하율아, 쉽게 풀어서 이야기해줘봐!"

"선생님은 고민을 말하면 해결 방법을 일반 어른들처럼 말해주지 않아요."

'아, 이 자식 열세 살 맞아?'

칭찬으로 시작하는 이야기인지 아니면 비판을 한다거나 또는 어떤 잣대로 평가하려는 건지 알 수 없었기 때문에 나는 학생의 입장으로 하율이의 이야기를 경청해야 했다.

"선생님, 나미야 잡화점에서 장난으로 편지에 답장을 해주는 청년들 있잖아요."

"음, 그래 그래."

"제 앞가림도 못하는, 인생을 진지하게 생각하지 않는 청년들이요."

오늘 이야기는 선생님 이야기예요, 라는 눈빛으로 정면으로 나의 얼굴을 쳐다볼 때 가슴이 내려앉기 시작했지만 티 낼 수 없었다.

"아! 기억난다. 좀도둑들!"

"네, 선생님은 저에게 섣불리 엄마에게, 언니에게, 우리 가족에게 행동할 미션을 주지 않았어요. 오히려 솔직하고 엉뚱하기까지 한 조언을 해주기도…."

순간, '이래야 한다, 저래야 한다' 꼰대같이 말했던 순간이 떠올랐지만 말할 수 없었다. 시계를 보니 벌써 45분이 흘렀다. 다음 학년 수업을 해야 한다는 이유를 대며 나를 지켜보는 하율이의 눈을 잠시 피해버렸다.

"다음에 더 이야기해주라. 궁금하다 하율아."

"글쎄요, 제가 다시 이 주제를 꺼낼 수 있으면요. 《나미야 잡화점의 기적》을 읽고 있다면요."

"천천히 읽어주겠니?"

답을 꼭 듣고 싶었다. 하율이처럼, 책을 다르게 읽고 평가하는 아이의 입장에서 나를 평가받고 싶었다. 아니, 선생님은 잘하고 있어요, 라는 말을 꼭 듣고 싶었다.

사계절이 지나고 자유학기제가 시작되었다. 하율이는 시험이라는 제도가 사라지자 책과 미친 듯이 씨름했다. 갈수록 어려운 책을 가져오는 것도 모자라 나에게 같이 읽기를 종용하고 단어를 외우지 않은 채 집에 늦게 가려고 했다.

그날도 하율이가 집에 가지 않고 공부방 구석에서 다른 학년 학생들에게 피해를 주지 않으며 책에 파묻혀 있었다.

"선생님, 누구 오셨는데요."

아, 하율이 어머니였다.

"어머니, 어떻게 오셨어요?"

"시험 때도 아닌데 매일 늦게 와서요. 하율이는 어디 있나요?"

"아, 잠시만요. 하율아!"

영화의 한 장면처럼 일촉즉발이다. 하율이의 어머님이 두려운 것이 아니라 이런 상황에서 내가 어떻게 대처할지 지켜볼 하율이가 신경 쓰였다.

공부방 구석에서 책에 얼굴을 묻고 있는 하율이의 표정이 심각해 보였다.

'참, 하율이가 읽고 있는 책이… 아, 《호밀밭의 파수꾼》인데!'

하율이는 읽고 있는 책에 따라 태도나 말투가 바뀌곤 했다.

"하율아, 집에 가야지, 엄마 오셨어!"

"…"

하율이는 어머니가 다가가서야 차가워진 분위기를 눈치 챘다.

"선생님, 이야기 좀 하시죠."

'올 것이 왔구나.'

"선생님, 제가 대충 눈치는 챘어요. 집에서 책을 읽는 시간이 줄더라고요. 공부방에서 공부하니 피곤한가 보다 했다가, 그럴 리가 없을 텐데 생각도 들고, 음, 공부는 제대로 하고 있는 건가요?"

하율이가 옆자리에서 엄마를 날카롭게 쳐다보았다. 내가 눈을 찡긋거리자 호흡을 한번 하고 참아내는 것이 보였다.

"어머니, 지난번에도 언급했지만, 하율이가 책을 읽는 것이 그렇게 싫으신가요?"

"여기는 아이들에게 공부를 시키는 곳이에요. 한 가지에만 집중시켜야

죠. 성적이 괜찮게 나와서 참고 있었지만 책을 읽히다 보내실 거면 바로 보내 주세요."

늘 그렇듯, 다른 학년 학생들의 눈치를 보는 것이 아니라 어머니의 대사에 만 신경을 쓰는 하율이는 큰소리로 말했다.

"엄마! 이러니까 내가 집에 있는 게 싫은 거야. 염증이 난다니까!"

염증이라는 어른들이 쓰는 어휘에 다시 한 번 하율이가 읽고 있는 책을 상기했다.

"너, 너, 책이 널 다 망가뜨렸어. 줘봐! 이번엔 또 무슨 책이야?"

어머니가 하율이가 읽고 있던 책을 뺏어가려 하자 하율이는 앙칼지게 말 했다.

"엄마, 엄마가 시키는 대로 한다고. 조용히 살게. 반항도 안 하고, 문제도 일 으키지 않고, 학교에서 공부방으로 바로 오고 공부하다가 집에 가잖아. 뭐가 문 제야? 왜 책도 못 읽게 해. 책 읽는 것 좋아했잖아?"

"하율아, 다른 방에 가 있을래? 선생님이 엄마랑 대화할게."

다른 학생들이 지켜보는 것쯤은 어머니나 하율이는 신경 쓰지 않는 것 같 았다.

책만 읽는 딸이 두려워요

커피 한 잔을 내려 드리고, 조용한 방에서 대화를 시작했다. 오늘 상담의 목적이 학생을 놓치지 않으려 함이 아니라 하율이의 마음을 대신 전해주는 전달자 역할을 충실히 하는 것임을 다짐하면서 허리를 세워 앉았다.

시작이 중요했다. 처음 시작하는 단어.

"하율이 어머님, 급하게 오셨나봐요. 그래도 여전히 예쁘세요. 하율이가 어머니를 닮아서 참 예뻐요. 책에서 주는 교훈을 제대로 아는지, 어른들에게 참 예의 바르고, 수업을 진행하다 보면 어려운 질문도 한 번에 이해해요. 책을 많이 읽은 애들은 다르니까요."

방금 전까지 교과서가 아닌 고전문학 책을 보는 아이에게 화냈던 엄마의 모습은 사라졌다. 커피 한 모금을 마시고 내려놓으면서 웃으셨다.

"예쁘게 봐주시는 것 알죠. 애도 선생님을 잘 따르고, 다른 학원에 다니거나 과외를 할 때보다 안정감도 보이고, 전 다 좋아요. 그런데 지난번에도 말씀드렸잖아요. 책을 읽으면 뺏으라고."

호흡을 가다듬고 하율이의 수업태도를 다시 인지시켜드렸다.

"수업시간 때나 부족한 공부를 채워 갈 때는 본인이 가져온 책을 꺼내지 않아요. 뺏을 수 있는 상황이 없었습니다. 하율이 어머님, 어머님은 책을 싫어하시는 것은 아니죠?"

"책을 싫어하다니요. 하율이 언니는 책을 아예 안 읽어서 억지로 읽히기도 했는데요. 하율이는 너무 집착이 심해요. 책에만. 그리고 어려운 책만 읽어요. 아까 보셨죠. 그런 책을 읽으니까 대드는 거…"

"어머님,《호밀밭의 파수꾼》이, 그런 책인가요? 대들게 되는 책?"

어머님도 용어 선택이 잘못되었음을 알았을 것이다.

"그렇다는 게 아니라, 저는 그런 책은 하율이가 대학 가서 읽었으면 좋겠어요."

"하율이가 집에서 학교로 그리고 공부방으로 다시 집으로 가는 일상인 거는 아시죠? 친구를 데려오거나 친구 집에 놀러간 적이 있나요?"

얼굴빛이 달라지는 것을 느꼈지만 오늘이 아니고는 더 이상 물러설 곳이 없다고 느꼈다. 이제는 과외선생님의 입장이 아니라 상담자의 입장으로 바뀔 시간이었다. 과외를 그만둬도 된다는 각오가 필요한 시점인 것이다.

"하율이가 언니와 어머님의 중간에서 많이 괴로워했어요. 다투는 환경이 어린아이들의 마음을 얼마나 경직되게 하는지…."

상담이 길어질 것 같았다. 하율이 상태를 체크하고 고등학교 수업을 다른 요일로 대체했다.

이런 상황에서 하율이가 여전히 책을 읽고 있는 게 신기했다. 마치 나를 믿는 듯, 하율이가 읽고 있는 책의 두께가 얇아지고 있었다. 다 읽어가는 것 같았다. 그 책의 여운을 어떤 식으로 표현할지 나의 상담노트에 기록할 것이 많아질 것 같아서 어머니와의 상담을 조금 더 길게 잡자 다짐해보는 시점이다.

"어머니, 본질로 들어가볼게요. 하율이가 책을 읽는 것이 싫은 이유는, 대들어서인가요? 아니면."

"선생님, 아까도 말했지만 하율이 언니가 진짜 말을 안 들었어요. 하율이 언니 때문에 힘들 때마다 하율이는 조용히 책을 읽고 있었어요. 하율이가 제게 위로가 된 거죠. 그런데, 시간이 흐를수록 책의 수준이 높아지더니 책에 밑줄을 긋더라고요. 하율이 없을 때 보니까 주로 어른에게 대항하는 문장이더라고요. 살짝 겁이 나긴 했지만 언니처럼 대들기야 하겠나 했어요. 그런데 하율이가 언제부터인가 대드는 거예요. 그런데 혼낼 수가 없었어요. 너무 조리 있고 심지어 완벽하게 말해서… 오늘 읽고 있는 책이 《호밀밭의 파수꾼》이죠. 저는 그 책을 읽진 않았지만 대충 느낌이 와요. 책 속의 주인공처럼 말할 거예요. 밑줄 친 내용을 외웠을 거예요. 나에게 말할 거예요, 대들면서. 책이 하율이에게 '독'이 되는 것 같았어요. 그래서 책을 읽힐 수가 없었어요."

"하율이가 책 속의 구절을 외우고 그 구절을 어머니와의 상황에 적용하는 것이 책을 뺏는 이유가 된다는 거군요."

"네, 그냥 대들어서 싫은 게 아니에요, 저는."

노트에 기록하느라 잠깐 어머니의 얼굴을 놓쳤다. 어느새 어머니의 눈이 촉촉해지셨다. 오늘의 대화가 학업을 위한 상담이 아니라 가족을 위한 상담이라는 것을 아셨을 것이다. 그리고 다른 학생의 수업을 뒤로 밀어서라도 어머니와 대화로 해결해보겠다는 나의 의지를 읽으셨을 것이다. 이미 어머니는 나와 같은 마음으로 과거를 회상하며 상담의 중심에 들어가 있었다.

깊고 깊은 대화의 끝에도 여전히 그 자리

목소리의 변화를 읽어낸 후, 용기를 내서 하율이의 입장을 전달해드렸다.

"어머니, 하율이가 책을 읽어야겠다고 다짐했던 순간을 저에게 말했어요···."

"네? 뭐라고 하던가요?"

이제는 하율이가 왜 책을 그렇게 좋아하는지 알려드릴 차례였다.

"어머니가 언니와 다투고 나가시면서 책을 읽는 하율이에게 '내가 너 때문에 산다.'라고 말씀하시고 나가는 순간이었대요."

"그 말이 왜요? 저는 하율이가 얌전하게 책을 읽고, 사고도 안 치고 공부도 잘하는 게 얼마나 자랑스러웠는데요."

약간 가슴이 답답했다. 한 번에 이해했으면 좋겠다 싶었지만 대다수의 부모님들에게 '명료화'의 과정은 필수니까 힘들어도 설명해 드리자 크게 심호흡을 했다.

"어머니, 어머니가 수시로 내뱉은 '너 때문에 산다.'라는 말에서 하율이는 어머니가 원하는 로봇처럼 살아야겠다 다짐하게 되었을 거예요. '학교 끝나면 집으로 바로 와, 이상한 친구랑 놀지 마, 노트북으로 이상한 거 보지 마, 시험 기간인데 공부만 해.' 제가 지금 나열한 말은 어머니가 하율이 언니에게 한 말··· 맞죠?"

어머니가 하율이 언니에게 화냈던 상황을 재연하는 말투로 설명하자 어머니는 과거 하율이 언니와 다투었던 그때를 생각하는 듯 미간에 주름이 잡혀가기 시작했다.

"네, 그래야 정신 차리니까요. 그나마 그렇게라도 규칙을 정해주지 않으면 더 말을 안 들어요."

"네, 그랬을 거예요. 사춘기 아이들에게 부모님들이 주로 하는 말이니까요. 그런데 영리한 하율이는 그 말을 자신에게 투영하는 말로 들었어요. 그래서 책으로 도피했고 어른처럼 행동했고 어머니 눈에는 그 모습이 '하율이는 다르구나'로 보였을 거예요."

이제는 어머니 가정의 일을 정확하게 표현하는 나의 문장들을 어머니가 학생처럼 경청하기 시작했다.

"어머니, 어머니는 하율이가 언니와 다르게 살기를 원하시나요?"

"네, 하율이는 좀 쉽게 갔으면 좋겠어요."

"쉽다는 것은 말을 잘 듣는 것을 말하나요?"

"그건 아니지만, 아까도 말했지만 큰애가 너무 힘들게 해서 하율이는…."

말끝을 흐리는 것이 큰아이로 인해 이미 힘들게 살고 있는 어머니의 상처에 주목하는 것으로 보였다.

"어머니, 하율이는 저에게 이렇게 말했어요. '선생님, 저는 화초예요. 물만 주면 크는 화초.' 어머니 이 말이 무엇을 의미할까요?"

"그러니까 선생님은 하율이가 문제가 있다는 건가요? 아니, 우리 가정이 문제가 있다는 건가요?"

상담 과정에서 나올 수 있는 반응이다. 조금 일찍 나왔을 뿐이다. '자기 거부'의 반응으로 더 이상 듣키고 싶지 않다는 것이다. 하율이 어머니의 목소리가 경직되어갔다.

"선생님, 저희 문제없어요! 사춘기 언니가, 아, 그것도 어느 가정에서나 그럴 수 있는 문제 아닌가요?"

'인정 욕구'가 강한 분, 또는 마음이 듣키고 싶지 않은 치부가 많은 분들은 상담 중간중간에 확인하고 또 확인한다. 휴, 심리적으로 접근했던 상담기법을 어머니가 원하는 성적의 향상 방법으로 분위기를 전환할 시점이었다. 이 또한 하율이가 나에게 조언해주었던 부분이다. 어머니가 원하는 것이 상담적인 치유가 아니라 자식들의 성공이니 '선생님은 정보전달과 우수한 학업성적을 위한 비법' 그것만 말하라고 했던 하율이의 충고 말이다.

잠시, 자각과 통찰을 할 수 있는 시간을 가져보았다.

"어머니, 커피가 식었는데 한잔 더 할까요? 참, 하율이가 영어과목만 점수가 조금 낮게 나오잖아요. 방법을 찾았는데 지금 말씀드릴까요? 아니면 다음에?"

"아, 찾으셨어요? 영어 점수가 더 오르면 좋죠."

어머니의 반색하는 얼굴을 보니 나이보다 어려 보이는 앳된 얼굴에 다시 행복한 미래를 선물한 듯했다.

"어머니, 제가 하율이 수업 시간을 늘려볼게요. 물론 수업료는 올리지 않을 거예요. 대신 오늘처럼 고등학교 수업시간에 다시 부를게요. 하율이가 또래보다 영특하고 대화 수준이 높아서 고등학교 수업시간에 오라고 하면 좋아할 거예요."

"아, 선생님, 방해 안 되겠어요?"

"네. 그리고 쉬는 시간마다 단어 암기량을 늘리고 저와 함께 문장 패턴들을 소리 내서 외워볼게요. 실력이 향상되는 게 보이면 에세이도 써보고요."

어머니가 원하는 교육 방법을 웃음으로 나열하자 어머니의 얼굴이 밝아지기 시작했다.

"그럼 저야, 너무너무 좋죠. 책 읽는 모습도 안 보고…."

"아까는 책 읽으면 뺏으라고 하셨는데, 이제 책 보는 것은 허락하신 거죠?"

"네, 선생님. 그런데요, 선생님. 전공이 영어교육으로 알고 있는데, 상담은 따로 배우셨나요?"

궁금할 수 있다. "어머니 딸의 마음을 알고 싶어서, 이제 막 시작했습니다. 마음 읽기 공부요! 제대로 공부해서 어머니랑 친구 하겠습니다!"

"아, 정말요? 저도 사실, 마음을 털어놓을 곳이 필요했어요. 상담료, 따로 드려야 되나요?"

"아이고, 아니요. 커피 한잔이면 됩니다."

실수였다. 그날 이후로 하율이 어머니는 거의 매일 들르셨다. 커피를 들고.

길고 깊은 상담을 마치고 상담실 밖으로 나오자 하율이가 《호밀밭의 파수꾼》을 덮었다. 평온해 보이는 얼굴로 어머니가 아닌 나를 보고 물었다. "잘하셨나요?"

"뭘?"

"절벽으로 떨어질 것 같은 나를, 잡아주는 상담이요?"

순간, 생각했다. '무슨 말이지?' 아, 《호밀밭의 파수꾼》에 나오는 대사였다.

"그럼! 선생님은 절벽에서 너의 손을 놓지는 않을 거야, 절대로."

그리고 미소로 답했다. '영리한 놈.'

"하율아 가자. 선생님 또 올게요! 안녕히 계세요!"

상담이 성공했다고 다짐을 하기에는 이르다. 어머니의 또 오겠다는 말이 어머니의 '진짜 이야기'를 들고 온다는 것이니.

과외 학생 한 명을 놓치지 않았다고 안도하기에는 이르다. 하율이의 '지금까지의 이야기'는 서막에 불과하다는 느낌을 지울 수 없으니 말이다.

책을 통해 어른을 이해하다

"하율아! 선생님이 서점 가서 하율이 선물 사왔어!"

"책 제목이?"

감사합니다, 가 아니라 제목을 먼저 물어서 당황했지만 책을 선별해서 읽는 학생이니 이해하기로. "'그림으로 읽는 세계사'인가?"

"아, 세계사 관련 책은 거의 다 읽어봤는데, 다른 책으로 바꿔주시면 안 돼요?"

여기까지의 대화로만 보면, 나는 상처 입은 자였다.

"알았어. 그럼 같이 가자. 하율이가 직접 골라!"

"언제 가실 거죠?"

대충 넘어가는 법이 없었다. 스케줄을 보고 날짜와 시간까지 정해주니 그제야 제대로 과외수업 받을 준비를 했다.

하율이와 둘만의 데이트를 계획한 후에도 하율이는 수시로 확인했다.

"○월 ○일 ○시에 서점 가는 것 잊지 않으셨죠?"

'그렇게 좋은가? 서점 가는 게.'

날씨가 참 좋은 날, 하율이와 서점 가는 드라이브를 하면서 하율이의 얼굴을 보았다. 그 또래의 해맑음을. 그리고 보았다. 트렁크에서 휠체어를 꺼내주면서 그 작은 손에 힘이 잔뜩 들어가서 생긴 파란 힘줄을.

가족을 통해 아픔을 읽어내고 책을 통해 답을 찾으며 정답이 맞는지 적용해보는 아이, 그 아이가 휠체어 뒤에서는 나를 보호해주는 보호자였다.

"선생님, 이 책 사주세요!"

"그래, 뭔데?"

"《블랙홀에서 살아남는 법》이요."

"뭐, 뭐? 아, 물리학 개념이네. 폴 파슨스… 그래."

'어려워 보이는데. 이 책을 사는 이유를 물어볼까? 과학 분야는 자신 없는데 질문이라도 하면 어떡하지…'

"선생님, 저 엄마 카드 있어요. 엄마가 선생님 커피 사드리랬어요. 저기 카페 있네요. 같이 가요!"

묻지도 않고 휠체어를 밀고 있다. 휠체어를 조종하는 주인은 이미 하율이었다. 카페로 가는 길목까지 빠르게 몰기도 했다가 사람이 오면 천천히 모는 게 영락없이 속력을 과시하는 스포츠카 운전사 같았다.

"선생님, 제가 왜 이 책을 샀는지 궁금하지 않으세요?"

"궁금해. 말해줄래?"

하율이는 호흡을 가다듬지도 않고 말하기 시작했다. 외워놓은 문장처럼 빠르게 나의 눈빛만을 응시하면서 말했다.

"인터넷에서 이 책을 소개하는 글을 읽었어요. 이 책은 우주의 모든 비밀에 답하는 물리학의 핵심 개념 35가지가 들어있어요. 이 책은 물리학의 필수 개념들을 흥미진진하고 아주 쉽게 소개하고 있죠. 봐봐요! 상대성 이론과 입자 물리학뿐 아니라 SF 영화나 소설에서 볼 법한 흥미로운 이야기를 써놨잖아요. 이 책이 저의 탐구심을 자극시켜줄 것 같았어요!"

"후…, 선생님은 듣기만 해도 숨넘어간다. 천천히 이야기해도 돼, 하율아. 선생님 이해시키지 않아도 돼. 네가 좋으면."

하율이는 다시 정색하는 얼굴로 선생님이 학생을 다그치듯 말했다.

"아뇨, 저는 선생님이 제가 읽는 책에 대해 같은 마음으로 공감하고 대화하면 좋겠어요. 같이 읽으면 더 좋고요."

"그래, 그런데 선생님이 노력해도 안 되는 분야가 있어. 미안해."

"저는 책과의 인연을 언니와 엄마의 갈등 속에서 잘 보이려고 가식적으로 시작했지만, 이제 알아요. 책이 저에게 얼마나 큰 위로가 되는지."

오랜만에 보는 모습이었다. 말하고자 하는 내용에 몰입해서 과거로 돌아가는 하율이의 눈동자를 바라보았다.

"근데요 선생님, 많은 책을 읽다 보니 이제는 나에게 필요한 책들이 보여요. 이 책은 공부에도 도움이 되지만 마지막 목차 보세요. 여기, 35장. 다른 사람의 마음을 읽는 법!"

'아, 공부를 그렇게 오래한 나에게, 아이의 마음을 다 안다고 생각했던 나에게 이 아이는 끊임없이 물음표다. 멋있다 정말.'

"그니까, 하율이는 사람의 마음도 읽고 싶었구나."

"네, 엄마와 아빠의 갈등을 이해하고 싶었어요. 엄마는 아픈 오빠를 혼내고 다시 울어요. 저는 공부를 잘하고 싶었어요. 언니 대신 인정받고 싶었어요."

'여기는 카페인데, 사람들이 지켜보는데…. 흠, 아니다. 오늘은 막지 말자.'

어른의 시각으로 주변을 의식하는 나의 쓰레기 같은 감정을 걷어내자 하율이의 이야기에 집중할 수 있었다. 그리고 성숙하고 지혜로운 하율이에게 적용할 수 있는 이야기가 떠올랐다.

책을 보면 아픈 과거가 떠오르지 않기를

"하율아, 심리학 좋아하지? 지난번에 보니까 Why 시리즈 《심리학》 편 읽던데?"

"네, 알고 싶어요. 이것저것."

"그렇구나. 선생님이 하율이의 상황을 심리 용어로 풀어볼게. 들어줄래?"

"네."

"[조작적 조건형성]이라고 있어."

"상황을 조작한다는 건가요? 아니면 조작된 상황으로 들어간다는 건가요?"

시작됐다. 주입식 교육으로 답을 알려주는 대화는 처음부터 시도도 하지 말자.

"둘 다일 수 있겠지. 예를 들어 부모와 떨어져 홀로 살아가게 된 야생 고양이를 상상해보자. 만약 이 고양이가 처음 보는 신기하게 생긴 동물에게 접근을 했어. 그 행동의 결과로 먹이를 얻었다면, 또한 그런 일이 여러 번 거듭해서 발생했다면, 아마도 이 야생 고양이는 먹이를 구하기 위해 두 발로 걸어 다니는 길쭉한 동물에게 접근하는 행동을 자주 하게 될 거야. 반대로 길쭉한 동물에게 접근한 행동이 공포와 고통과 같은 위협적인 결과를 가져왔다면, 이 야생 고양이가 그 동물에게 접근하는 행동은 감소하거나 사라지겠지."

"특정 환경에 적응한다는 건가요?"

역시! 하율이는 내가 뱉어내는 긴 호흡의 문장을 단숨에 알아들었다.

"그렇지. 상황을 사람으로 확장해보자. 아이가 책 읽는 행동을 했을 때 관심을 보이고 사탕을 주면서 칭찬했다면 그 아이는 책 읽는 행동을 반복하게 될 거야. 반면에 새로 도배한 벽지에 낙서하는 행동을 했을 때 부모의 표정이 어두워지고 아이를 혼냈다면 그 아이는 그 행동을 반복하지 않겠지."

"사람이 그렇게 쉽게 이거 아니면 저거일까요?"

이번에는 따지거나 혼내는 말투가 아니라 새로운 개념을 제대로 알고 싶어 하는 전교 1등 모범생의 모습으로 의자를 당기며 내 눈을 응시했다.

"그렇지, 이 개념대로 되지 않는 경우도 있지. 개념을 정리해볼게. 특정 대상이 있거나 어떤 자극을 주는 환경에서 발생한 행동이랑 그 행동의 결과가 연합되면 나중에 행동을 증가시키거나 감소시키는 원리를 '효과의 법칙'이라고 하는데, 이러한 효과의 법칙에 의해 행동이 조절되는 형태의 학습을 '조작적 조건형성'이라고 한다는 거지."

숨이 차는데, 여전히 하율이는 내 눈과 입을 번갈아 보고 있었다.

"그러면, 저는 엄마가 '너 때문에 산다.'라고 말씀하신 후에 더 열심히 책을 읽었으니까 의도했든 안 했든 조작적 조건형성이 된 거네요."

"그렇지. 그리고 '책'이라는 환경이 없었어도 하율이는 이미 엄마를 힘들지 않게 하려고 애썼을 거야. 그니까 다른 사람들이 너에게 '책벌레', '책밖에 모르는 애' 등등 여러 가지 말로 비아냥거려도 신경 쓰지 마. 그렇게 말하는 사람들도 칭찬이라는 강화가 있으면, 하율아 여기서 강화는 특정행동을 증가시키는 개념이야. 그니까 강화가 있으면 반복된 행동을 하게 돼 있어."

하율이는 미소를 지으면서 이해했다고, 더 설명하지 않아도 된다고 위로하는 얼굴로 나를 쳐다보았다.

"근데요, 선생님은 '조작적 조건형성'이라는 어려운 개념을 굳이 예로 들어준 이유가 뭐예요?"

'왜일까?'

사람의 뇌는 마음의 평정을 되찾기 위해 작은 '용량'의 회상을 끝없이 반복하여 과민해진 트라우마 관련 기억을 달래고 진정시키려고 한다. 의도하지 않아도 불쑥불쑥 과거의 일이 회상되곤 하는 것이다. 하율이 역시 책을 읽어서 평온해 보이기는 하나, [엄마와 책]이라는 단어를 같이 언급하면 처음 책을 읽었던 상황을 말하곤 했다. 흥분하면서 말이다. 오늘은 반드시 짚고 넘어가야 했다. 더 이상 하율이에게 책이 트라우마의 단어로 기억되지 않도록 하기 위해.

"하율아, 다른 친구들에게 말하듯이 눈을 바라보면서 '하율아, 너무 잘하고 있어'라든지 '엄마를 이해해줘야 돼'라는 조언으로만 이야기했다면 하율이가 들었을까? 하율이는 책을 통해 세상을 이해하잖아. 지적 욕구도 강하잖아. 그런 하율이에게 책을 읽어야만 했던 환경이, 너에게 불행의 환경으로 기억되지 않았으면 해서. 그리고 네가 고른 책처럼 사람들의 마음을 알아가는 방법은 너무 다양하니까, 오늘은 다른 식으로 접근해서 너와 대화를 하고 싶었어. 게다가 하율이가 선별해서 읽고 있는 책은 이미 선생님의 수준을 넘어섰어. 앞으로도 너는 책을 통해서 많은 것을 배우고 적용할 거야. 선생님은 믿어. 그리고 쭈욱 너의 책 친구가 되어줄게!"

대화를 마무리하고 싶은 마음에 액션을 크게 취하면서 '책 친구'라는 단어에 악센트를 주어보았다.

"선생님, 그럼 저하고 친구 하려면 이 책, 선생님도 읽어주세요."

"응? 《블랙홀에서 살아남는 법》? 아이고, 요즘 좀 바쁜데…."

'솔직하게 말할까, 읽고 싶지 않은 책이라고.'

"시간을 조금 아끼시면 되잖아요. 읽고 토의해요."

"아, 요즘 책에 치여 산다. 수업 준비도 해야 하고 과제도 많아. 책이 쌓여 있어. 토의까지 할 정도로 그 책을 읽을 수…."

"선생님! 책은 유용하다면서요. 책은 '독'이 아니잖아요!"

'아이고, 영리한 놈!'

—

하율이는 결국, 중학교와 고등학교 과정을 검정고시로 마무리하고 지금 수능 준비를 하고 있습니다. 하율이의 말을 빌리자면 대한민국 시스템이 맞지 않았을 뿐입니다.

영화 〈어거스트 : 가족의 초상〉에서 주인공은 말합니다. '내 마지막 도피처

는 책'이라고. 하율이는 더 지혜롭고, 더 어른스러워졌습니다. 도피처였던 책이

그 아이를 성장시켰다고 저는 믿습니다.

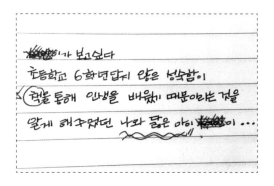

잔느는 제비들이 불화살처럼 포물선을 그리며 날고 있는 자기 앞의 허공을 똑바로 바라보고 있었다. 그런데 갑자기 부드러운 포근함이, 생명의 열기가 옷을 통해서 다리에 이르러 살 속까지 스며들었다.

– 모파상, 《여자의 일생》

중학생이 되면서, 다락방 동지가 두고 갔던 책을 선별할 때의 기준은, 과감함 그리고 욕망이었다. 사춘기 소녀는 이제 6명이 같이 자는 방 한 칸이 작았다. 엄마가 생각해낸 방법은 이웃에 사는, 방이 4개나 있는 큰집으로 나를 보내는 것이었다. 큰집의 별채에 딸린 구석진 방이 나의 공간이 되었다.

'삐거덕 쿵쿵.'

내가 큰집으로 옮겨간 그날, 창문의 흔들림인지 마루의 삐걱거림인지 모르지만 너무도 선명한 인기척이 매일 밤 들려왔다. 그리고 며칠 후 큰집의 남자들은 밤마다 나의 방문을 열고 인사를 건네왔고, 서로 간의 허물이 사라지는 겨울의 복판, 목화솜 이불을 나눠 덮으며 밤을 지새웠다.

봄이 다가오는 2월, 여전히 따스한 목화솜 이불, 그 밑으로 《여자의 일생》에서 읽었던 축축하고 뜨거운 손이 나의 다리로 들어올 때, 나는 인생에 굴복하고 살아가는 잔느가 아닌 당당했던 하녀 로젤리처럼 앙칼지게 외쳤다. 그리고 물리쳤다. 밤 인사를 하러 온 남자들을 삐걱거리는 복도 끝으로 성급하게 흩어지도록.

다음 날, 나를 부르는 친절함은 여전했고 맛있는 반찬은, 전날의 나를 위로하는 듯했다.

하지만 봄이 오지 않았는가. 반찬이 아닌 다른 것으로 나를 위로하려는 듯, 목화솜 이불 밑 장판은 밤새 타고 있었다. 춥지 않으니 연탄 개수를 줄여달라고 부탁했지만 매일 밤 아랫목이 타고 있었다. 마치 이제 너는 우리 가족이 아니라고, 이 방을 벗어나라고 말하는 것 같았다. 목구멍까지 차고 올라온 울음을 터뜨리며 울며 잠이 든 그날, 나의 왼쪽 다리는 빨갛게 부어올랐다.

'화상'이었다. 나의 화상은 제대로 치료하지 않아 고등학교 때까지 500원짜리 동전만한 크기의 흉터를 남기며 그날의 기억을 되새기게 했다.

웨이트리스에서 공장으로 그리고 기사식당을 하기까지 엄마는 더 바빠졌다. 엄마는 장애인 막내딸이 고등학교만 졸업하고 엄마가 주는 밥을 먹으면서 식당 카운터를 보는, 엄마와 닮은 인생을 살기를 바랐다. 하지만 나는 대학을 가야 했다. 집을 벗어나고 싶었고 혼자서도 당당히 잘 살 수 있는 모습을 보여주고 싶었다.

혼자 사는 엄마를 무시하는, '피가 뚝뚝 떨어지는 돼지와 소를 파는 돈 많은 정육점 주인'의 딸을 과외해주는 조건으로 등록금을 마련했고 그해 봄, 서울로 입성할 수 있었다.

"자아의 상실과 불안, 도피의 메커니즘과 함께 그 회복의 길을 제시하는 책! 저자는 사회 심리학적 입장에서 나치즘(Nazism)이 부각된 원인을 분석하고, 또한 그 기반이 된 현대문명의 획일성과 인간소외 현상을 비판하면서 자유와 인간의 존재 양상에 대한 반성을 촉구했다. 이제 인간은 이전의 '본능과 자연, 신과 권위로부터의 자유'라는 소극적 의미의 자유에서 보다 독립적이고 자발적인 적극적 의미의 자유로 나아가지 않으면 안 된다고 이 책은 이야기하고 있다."
– 에리히 프롬,《자유로부터의 도피》중에서

《자유로부터의 도피》는 에리히 프롬(1900~1980)이 1941년에 쓴 사회심리학 저서로, 오랜 역사 동안 자유를 얻기 위해 싸워온 인간들이 근대사회에 와서 자유를 포기하고 도망가려는 경향을 드러내는 현상을 해명하려고 한 책.)

교양수업이 교양 있는 사람처럼 보이게 하는 건가. 앉아 있는 학생들도, 에리히 프롬의 《자유로부터의 도피》 원서를 분석해주는 교수도 그냥 위선자처럼 보였다. 위선자를 피해서 도피한 곳은 술과 음악이 넘치는 클럽이었다. '쿵쿵거리는 소리, 화려한 네온사인, 은은하게 비치는 실루엣.'
테이블에 앉아서 쳐다만 보아도, 클럽의 내부가 나의 심장을 뛰게 했다. 이곳에 있는 사람들이 더 진짜 같아 보였다. 사춘기 시절 읽었던 책의 영향력이 이렇게도 발휘될 수 있나. 미쳤다 싶어, 가끔은 제정신으로 강의실에서 집중도 해봤지만 결국 밤마다 클럽을 찾아가는 것으로 '흉터'를 잊어갔다. '가난이라는 굴레'의 흉터, 왼쪽 종아리에 화상을 안겨준 '무관심과 격리'의 흉터.

"춤, 추실래요?"
버젓이 놓여 있는 목발을 보고도 찾아온 남자는 나의 기도를 들어준 하늘의 뜻이라고 착각하게 만들었다. 그러나 무대로 나갈 수가 없지 않은가.
남자에 대한 경험이라고는 가족과 친척이 전부였던 나는 그 남자의 호의가, 짙은 화장을 하고 웃음을 흘리던 나의 외모 때문일 수도 있겠다 싶었지만 '제발 나와 진정한 사랑을 해주세요. 대화를 나누기만 해도 좋아요…'라고 행복한 환상에 젖어갔다. 그때 그 남자의 눈빛이 이글거리기 시작했다.

'아…. 나는 왜 이 자리에 있지? 터무니없는 교만함으로 밤마다 누렸던 자유로움이 진정한 자유인가?'

너는 지금 왜 이 자리에 있냐고, 운명을 개척했던 문학작품 속 인물들이 그 자리를 박차고 나오라고 온갖 윤리적 언어들을 나의 정수리에 쏟아붓고 있었다. 정신이 돌아온 나는 흔들리면서 일어났다. 그러나 이성을 잃은 남자의 손이 나를 잡아챘다. 이럴 때 쓰라고 만들어진 무기인 양 목발로 그 남자의 팔을 내리쳤다.

돌아서는 뒤통수에 떨어지는 욕설을 받아내며 비틀비틀 클럽을 빠져나왔다.

'그만하자…'

클럽과 술의 유혹을 이겨내고 공부를 시작했지만 이미 바닥난 잔고와 따라갈 수 없는 공부의 양이 나를 기다리고 있었다. 과외하면서 학비를 내고 있으리라 생각했던 엄마에게, 나 혼자서는 버티기 힘든 환경이라 말하고, 등록금을 줄 수 없는 가족 탓을 하며 나는 학교를 자퇴했다. 그때, 나의 왼쪽 종아리의 화상 흉터는 희미해졌고 50원짜리 동전 크기로 변해 있었다.

장애인이 클럽을 가고, 대학이라는 자유의 틀에서 술을 먼저 접했던 1987년, 그 당시에는 상상도 하지 못했을 '장애인 스무 살'의 일탈이, 부모로 인해 '일탈을 할 수밖에 없다'는 아이들까지도 품어주는 이유가 될까요? 아이들의 일탈의 범주가 일반적인 인식으로는 이해가 되지 않는다고 해도 무조건 수용하고 안아주었습니다. 특이한 공부방이라고 비웃음을 사기도 했습니다. 내가 경험했던 일탈의 '경험'이 아이들을 안아주었던 이유일까요?

카카오톡에 쌓여가는 비밀 메시지

,

동네 어귀, 차를 몰고 중학교 운동장 옆을 지나가고 있었다.

"선생님!" 8개월 만에 조우하는 민호는 축구를 하다가 내 차를 보고 굳이 뛰어왔다.

민호와의 인연은 2년 전으로 거슬러 올라간다.

타인의 시선이 신경 쓰여요

민호. 중학교 2학년, 귀여운 이미지에 이목구비가 뚜렷해서 시선을 모으기에 충분했다. 게다가 한쪽 주머니에 손을 넣고 다리를 벌리고 성큼성큼 걸어오면서 처음 보는 아이들에게 일일이 눈까지 맞추고 있었다.

민호를 데리고 상담하러 온 어머니는 미국 배우 줄리아 로버츠를 닮았다. 학생과 어머니가 공부방 입구로 들어서자 수업 중이었던 학생들이 대놓고 관찰하기 시작했다. 몰래 훔쳐볼 때의 떨림이 없었던 건 외모에서 풍기는 그들의 자신감 때문이었을까, 아이들이 넋 놓고 민호와 어머니를 한참을 쳐다보았다.

사는 곳의 특성상 명품가방, 알 만한 브랜드의 옷으로 치장하고 상담을 하는 것이 일반적이었다. 화려하게 차려입은, 줄리아 로버츠를 닮은 그 어머니는 '공부는 좀 못하지만 예의 바르고 착하다'며 아들을 소개했다.

성적 향상시킬 자신 있으니 레벨 테스트 대신 아이의 마음을 알기 위한 간단한 심리 테스트를 해보자고 제안했다.

"심리 테스트요? 우리 아이 마음을 알아야 하나요?"

"네, 성적 향상은 커리큘럼대로만 하면 됩니다. 성적을 유지하고 그룹 멤버들과 조화롭게 공부할 수 있을지를 심리학적으로 알아보는 테스트지입니다."

"그럼, 결과가 안 좋으면 그룹 과외에 들어갈 수 없다는 건가요?"

이미 민호의 이미지에서 읽혀지는 분위기가 그룹 멤버들과의 성격 차이를 보일 듯했으나 편견과 선입견으로 과외할지 안 할지를 결정한다는 것은 이제 '상담자 선생님'이라는 타이틀이 허락하지를 않았다. 제대로 아이의 마음을 알고 적응하기를 바랄 뿐이었다.

"테스트의 목적은 '아이가 좋다, 안 좋다'의 결과지를 드리는 것이 아니라, 갖고 있는 생각이 공부에 어떤 영향을 주는지 기록해서 빠른 성적 향상을 이루어내는 것입니다."

"아, 네."

어머니는 계속 주변 학생들을 의식했고 어머니의 불안한 눈빛을 읽은 민호 역시 두리번대기 시작했다. 좀 더 편하게 상담할 수 있는, 주변 학생들이 없는 공간으로 옮겨갈 수 없는 장애인 상담자라는 것이 갑자기 미안해졌다. 안심시켜 드리고 싶었다.

"어머니, 옆에서 지켜봐 주세요. 민호가 어떤 마음으로 체크하는지를요. 민호야, 솔직하게 체크해줘! 질문에 떠오르는 대로 답해줄래?"

"네! 당연하죠!"

[1번. 나는 집중이 요구되는 일을 할 때 잘 집중하는 편이다.]

"선생님, 음, 뭐라고 물어보는 거죠?"

"민호야! 너는 처음부터 막하냐?!" 민호의 어머니였다.

부드러운 어조인 듯하나 이미 미간에 주름이 접혀 있다. 그리고 민호의 테스트를 누군가 지켜보고 있나 주위를 둘러보기 시작하셨다.

심리학에서는 누군가가 자신의 모든 일을 지켜보고 있을 거라고 생각하는 심리를 '투명성 착각(Illusion of Transparency)'이라고 한다. 어머니와 민호의 태도를 기록하고 다시 쳐다보았다. 어머니와 민호의 얼굴을 보니, 들어올 때의 당당함은 사라지고 오히려 들키기 싫은 과거를 가진 사람처럼 빨리 상담을 마무리하고 가고 싶어했다.

"어디 보자. 아, 민호야, 다르게 질문해볼게. 1번, 시험 기간에 책상에 앉았다면 민호는 집중하고 앉아 있나?"

"아, 시험 공부요? 그게 집중이 요구되는 일인가요? 전 LoL(League of Legend: 온라인 대전 게임) 할 때 집중해요."

"아, 민호는 게임이 집중이 요구되는 일…" 그때였다. 내 말이 끝나기 전에 민호의 어머니가 민호의 등을 세게 내리쳤다. "아, 뭐야?! 왜 때려!"

상담 중에 어머니와 학생의 갈등이 있을 수는 있다. 그러나 문제지를 이해하는지 못하는지, 그 짧은 시간에 아들의 대답이 엄마의 마음에 들지 않는다고 바로 손을 들고 등을 때리는 행동은 '공부는 못하지만 예의 바르고 착하다'는 어머니의 인사를 상기시켰다.

나는 민호의 어머니를 테스트하고 싶어졌다. 진짜로 아들을 착한 아이로 인식하는지.

"선생님, 죄송해요. 테스트 다시 해주세요."

"어머니, 테스트 내용을 이해하는 것보다, 저는 민호가 어떤 마음가짐으로 공부하러 왔는지도 중요해요. 괜찮습니다. 자연스러운 대화를 할 수 있도록 지켜봐 주세요. 민호야, 다시 해볼까?"

"네!"

아, 이놈, 꽤 해맑다.

"[2번. 나는 공부가 잘되는 시간을 알고 있다.]"

"오케이, 이건 문제가 쉬운데요."

"원래 다 쉬워!" 아이를 파악하니 나도 장난스럽게 맞장구를 쳐보게 되었다.

그때 민호는 책상 앞으로 의자를 당겨 나에게 작게 속삭였다. "엄마 없는 시간이요."

장난기가 있어 보였지만 성의 없는 답변인지 잠시 고민해봤다.

"민호야, 다시 물어볼게. 진짜 민호가 공부한다고 생각해보고, 어떤 분위기, 어떤 조건, 어떤 시간대에 공부가 잘되는지 물어보는 거야."

"선생님, 진짜로 엄마만 없다면 뭐든 다 잘할 수 있어요."

아까보다는 조금 큰 목소리로 대답했다.

"아, 안 되겠네요 선생님. 민호는 테스트하지 말고 그냥 수업해주시면 안 될까요?"

민호의 어머니가 대놓고 불쾌감을 표현하셨다.

"그럼, 어머니 안 계실 때 따로 학습심리테스트를 하고, 오늘은 가볍게 대화해볼게요."

내 자식은 내가 안다?

하얀 A4 용지를 건네며 "민호야, 여기에 동그라미를 마음껏 그려봐!"

"마음껏이요? 몇 개요? 가운데에 그려요? 한 개만 그려도 돼요?"

답변하지 않았다. 민호가 어떻게 그리는지 보고 싶었다. 오히려 답변은 어머니가 먼저 했다.

"아, 민호야, 이건 쉽잖아. 왜 그렇게 질문이 많아?!"

민호의 어머니는 목소리를 크게 내지는 않았지만 일그러진 얼굴로 입술을 깨문 채 아들을 질책하는 그 순간에도 여러 번 고개를 돌려 주변을 의식했다. 많은 개입을 하는 엄마를 어떻게 생각할지 민호의 마음으로 어머니 얼굴을 바라보자 마음이 답답해졌다.

> 부모는 중중 자기 불안을 아이에게 투사하고, 자신이 풀지 못한 인생의 숙제를 아이가 반드시 풀어주길 바란다고, 그래서 아이에게 자신이 지고 있던 무거운 마음의 짐을 의도치 않게 넘겨준다.
> 그런의미에서 가장 조건없는 사랑처럼 보이는 부모의 사랑이 폭력이 될수도 있다.

'내 자식이니까 다 안다'는 말이 공명처럼 귓가에 둥둥 떠다니던 날, 나도 아들을 이렇게 키웠구나, 자괴감에 빠진 날이었습니다.

"어머니, 지금 상황은 민호가 문제를 이해하지 못하는 것이 아니라 어떻게 테스트에 응해야 정답일까 고민하는 것으로 보여요. 그런데 평상시에도 이렇게 많이 개입하시나요?"

예전 같으면 과외 상담이 아닌 심리상담과 관련된 질문에 "그냥 공부나 시켜주세요"라며 일축해버리는 상황이 올까, 미리 마음의 준비를 단단히 해야만 나왔을 질문이었다. 그러나 이제는 과외와 심리상담을 병행하는 곳으로 유명하다는 것을 알고 오지 않았는가. 당당하고 싶었다.

어머니의 개입을 부드럽게 제어하는 방법을 고민하고 있을 때, 민호는 이미 A4 용지 여백에 같은 모양의 아주 작은 동그라미를 수십 개 그리고 있었다. 분명히 주머니에 손을 넣고 처음 보는 학생들 얼굴을 당당히 보면서 들어오지 않았던가.

내가 상상했던 그림은 질문도 없이 당당하게 아주 큰 동그라미를 그리는 것이었다. 아니, 나는 민호가 동그라미를 크게 하나만 그려놓고 다시 "다음 문제!"라고 해맑게 외쳐주길 기대했을 수도 있다.

민호의 눈높이에 맞추어서 그림과 상황을 인지시키면서 계속 테스트해갔다. 쉬운 그림 테스트라서 민호가 잘 풀어내자 민호와 어머니는 주변을 의식하는 시선을 거두고 그림 테스트에 집중해주었다.

시간이 흐를수록 일그러진 얼굴은 사라지고 공부방 멤버로 받아주길 기대하는 마음으로 나의 답변을 기다리는 예쁘고, 잘생긴 엄마와 아들이 앉아 있었다.

"어머니, 그동안 학원이나 과외수업을 민호가 자주 바꾸면서 했나요? 아니면 한 곳에서 오래 했나요?"

"말도 마세요. 보낼 때마다 사고 쳐서 오래 하지도 못했어요. 여기는 오래 할 것 같고 잘 맞을 것 같네요."

"그럼, '공부는 못하지만 예의 바르고 착하다'는 이유로도 학원을 옮겨야 한 것은 사고를 쳤기 때문인가요?"

항상 그랬다. 자기 자식만큼은 부모니까 다 안다고. 그래서 너무 쉽게 자기의 아이를 [명사화] 시켜서 주머니에 넣고 다니다가 소개했다. 마치 명함을 꺼내듯이.

나는 민호의 어머니에게 인지시켰다. 초반에 나에게 소개했던 민호의 이미지를.

"아, 착하죠. 내 아들인데 왜 모르겠어요."

"어머니, 민호를 공부방 멤버로 받고, 제가 성적을 올려드릴게요. 그런데 아까처럼 아이의 말을 끝까지 들어보지도 않고 미리 답을 알려준다거나 모른다고 화부터 내시면 한 번 올라간 성적을 제대로 유지하기는 힘들어요. 음, 테스트 결과를 보면 민호는 자유분방해요. 사고가 유연하고, 하고 싶은 말을 해야 마음이 편한 아이죠. 집에서 어머니가 민호에게 하는 말과, 밖에서 하는 말이 달라지면 아이도 진짜 이야기와 가짜 이야기를 혼동하게 될 수…"

"선생님, 이 이야기는 민호가 없을 때 들어야 될 것 같은데요. 그러니까 제가 조심하면 된다는 거죠? 아이 때리지 말고요? 그럼 민호는 그룹에 들어갈 수 있는 거죠?"

민호 어머니도 아직 진짜 이야기를 하실 준비가 안 되어 있었다. 그러나 민호를 거부할 수가 없었다. 민호의 테스트 결과는 '저는 말하고 싶어요. 선생님과 친구 하고 싶어요. 엄마는 들어 주지 않아요'라고 쓰여 있었다.

어머니와 개인 만남을 약속하고 헤어지면서 '웃고 있지만 다른 사람을 자주 둘러보는 그 모습'이 수업 내내 떠올랐다.

다음 날, 민호 어머니와의 만남을 앞두고 거울 앞에 오래 앉아 있었다.

'그냥 공부방에서 보자고 할 걸.'

밖에서 같이 걸을 때 보여지는 나의 이미지에 신경이 쓰였다. 미국 배우를 닮은 외모에 명품가방, 브랜드 옷을 입고 올 텐데, 나는 목발을 짚고, 잔뜩 성나 있는 뱃살까지….

'아!'

머리를 드라이하다가 드라이기에 머리카락을 너무 오래 대고 있었다. 미쳤다. 어제 민호와의 상담에서 진짜 이미지로 살아야 한다고 상담하지 않았는가. 진짜 이야기와 가짜 이야기를 혼동할 수 있으니 말과 행동이 일치하는 대화를 해보라고 권면하지 않았는가. 오늘 상담의 목적은 진정 민호를 위하여 어머니의 마음을 알아보고 진지하게 조언하러 가는 것 아닌가? 미쳤다.

결국, 어른도 방법을 모른다

여전히 빛나는 외모의 어머니와 마주하고 앉았다. 어제보다 행복한 오늘을 선물하고 싶은 마음이 들었다. 상담을 통해서 내면의 아이를 만나게 해드리고, 주변을 의식하지 않는 삶을 만들어 드리고 싶었다.

"어머니, 민호 이야기를 먼저 할까요? 아니면 어머니께서 저에게 하고 싶은 이야기가 있으시면 어머니 이야기를 먼저 해주셔도 되고요."

"선생님이 어제 테스트해서 애 마음이야 얼추 아시겠죠 뭐. 근데, 저는 이제 더 이상 성적이 내려가는 것을 지켜볼 수가 없어요, 선생님."

"어제 상담 중에는 '적응'하는 것을 목표로 한다고 하셨는데 '빠른 성적 향상'을 원하시는 거네요."

인지시켜야 했다. 상담의 목적을 정확하게 해야 했고, 명료화 과정으로 스스로 정리하게 해드려야 했다.

"그렇죠. 학원비에 과외비, 장난 아니게 들어갔어요."

"어머니, 민호는 비싼 과외를 해도 성적이 오르지 않는 걸까요? 아니면 공부를 안 하는 걸까요?"

어머니가 모든 결과를 민호의 탓으로만 돌릴까봐, 상담 중간중간 집을 지을 때 필요한 '비계'라는 개념을 정립했다.

교육심리학에서도 '비계(Scaffolding)'라는 개념을 사용한다. 비계는 원래 건물을 지을 때 건축회사가 작업 편의를 위해 건물 주변에 세워 놓는 지지대를 말한다. 심리학에서는 아동이나 초보자가 주어진 과제를 잘 수행할 수 있도록 유능한 성인이나 또래가 도움을 제공하는 지원의 기준이나 수준을 말한다.

잘 가르치겠다는 확답도 해드리지만 그 이전에 어머니에게도 내가 대답해드렸던 것을 인식하고 아이를 잘 지도하는 책임을 주고 싶었다.

민호를 위해 민호의 어머니와의 상담은 고층 빌딩을 지을 지지대를 이제 막 세우는 중이었다.

"음, 선생님이 여쭤보시니까 생각해보는 건데요. 민호는 학원을 가도 과외를 해도 한 달도 안 돼서 싫증을 냈던 것 같아요. 공부가 하기 싫은 것 같아요. 그렇다고 이제 중2인데 손을 놓을 수도 없잖아요."

"그렇죠. 절대로 손을 놓으시면 안 되죠."

"그니까요. 그래서 여기저기 알아보다가 애들 마음을 읽어주면서 성적을 올려주는 곳이 있다는 말을 듣고 정말 어렵게 번호 알아냈어요. 게다가 밥도 주고 가끔 같이 자기도 한다면서요." 누가 들을까봐 테이블 앞으로 몸을 당긴 채로 '이건 비밀 맞죠?' 하는 눈빛을 보내셨다.

"네, 잘하셨어요. 일단 제가 가르치겠다고 결정하면 아이의 유형 상관없이 다 받습니다. 다시 여쭤볼게요. 민호가 성적을 올리기만 하면 제 역할이 끝나는 건가요, 아니면 아이의 마음을 읽어주는 것도 필요할까요?"

자유분방한 민호였지만 사실은 어머니의 말 한마디 한마디가 민호의 하루를 결정짓고 있다는 것을 테스트 결과로 알고 있었기 때문에 1단계는 어머니와 민호의 '심리적 거리감'을 두는 것을 목표로 했다. 그 거리감을 위해 내가 책임을 안고 간다는 의미로 반복해서 생각할 수 있는 질문을 드렸다.

학업 상담이 끝나갈 무렵 가볍게 질문해보았다.

"어머니, 민호가 행복해할 때가 언제인가요? 어머니는 언제 행복하세요?"

마무리되어간다고 생각했던 상담이 대답하기 어려운 주제로 넘어가서 일까.

"선생님, 커피 리필할까요?"

가득 채워진 커피만큼 어머니의 커다란 눈에도 생각이 가득 차 보였다.

"선생님이니까 말하는 거예요. 제가 워낙 비밀이 많아서…."

따뜻한 아메리카노를 한입 가득 머금고 계셨다. 결정하신 것 같다.

"선생님, 민호 아빠가 좀 무서워요. 결혼 전에는 그냥 돈 많은 능력자, 그런데 조금 거친 그런 남자였어요. 제가 어렸거든요. 결혼하고 보니 생각보다 더 무서운 사람이었어요."

무거운 주제를 유도해냄이 아니었다. 어쩌면 모든 사람이 갖고 있는 삶의 주제는 다 무거울 수 있다. 눈을 피해 드리는 게 작은 배려라고 느꼈다. 커피 잔을 만지면서 눈을 내려드렸다. 민호 성적을 올려드리겠다는 확신을 드리고 어머니와 카페 주차장까지 걸어갈 때 어머니는 말씀하셨다.

"민호를 선생님 집에서 오래 머물게 했으면 좋겠어요."

그렇게 나의 손을 잡고 말씀하시는 민호 어머니의 그 따뜻한 목소리에 나는 민호 가정의 문지방에 발을 들여놓았다.

심리학 용어 중에 '문간에 발 들여놓기 기법(Foot-in-the-door Technique)'

이라고 있다. 상대방에게 큰 부탁을 하고자 할 때 먼저 작은 부탁을 해서 상대
방이 그 부탁을 들어주게 하는 것으로 시작하는 방법이다.

나는 그때부터 민호 가정의 문간을 넘어, 너무 깊숙이 들어갔다.

어머니는 모르고 있다. 민호를 가르치기 시작한 날부터 나의 카카오톡 메
시지창이 민호의 하소연으로 넘쳐나고 있다는 것을.

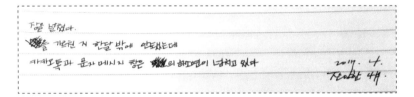

카카오톡 비밀 메시지

민호: 선생님.. 주무세요? 저 좋아하는 여자가 생겼어요.

민호: ..

민호: ..

처음, 민호가 엄마 모르게 여자친구를 사귀어도 되는지 물어보는 카카오
톡 메시지를 보냈을 때, 단순하게 중학교 2학년 남학생의 이성 관계에 관한 조
언으로 끝나는 상담을 해주면 되겠다 싶었다. 하지만 민호의 메시지를 보노라
면 수많은 말줄임표 끝에 반복적으로 말을 지어내고 거짓말을 하고 있다는 느

낌을 지울 수가 없었다.

그때 나는 말했다. 현실 세계를 부정하고 허구 세계만을 진실로 믿어서 상습적으로 거짓된 말과 행동을 일삼는 인격 장애를 설명하면서 '리플리 증후군'이라는 용어를 알려주었다. 그리고 여자친구를 사귀는 방법 그리고 엄마와 갈등 없이 대화할 수 있는 방법을 스텝(Step)별로 알려주자 민호는 안심하고 잘 수 있다며 카카오톡 메시지를 껐다.

고민의 무게를 아는지

새벽까지 카카오톡으로 메시지를 주고받은 후고증에 늦잠을 자버렸다. 일상의 패턴이 깨지자 과외 수업 진행이 어려울 만큼 피곤했다.

민호에게 오늘은 어젯밤 나누었던 대화를 실행해야 할 디데이(D-day)였다. 엄마에게 허락을 받고 여자친구를 사귈 수 있는지 확인할 그날인 것이다.

공부방에 들어올 때부터 민호의 등장은 남달랐다. 등장하자마자 내 옆에 붙어 앉아 작은 목소리로 말했다.

"선생님, 저 떨려요. 아, 엄마 진짜 무서운데…."

"자, 일단 시험이 코앞이다. 수업 준비! 민호, 너는 영어 감각이 좋지만 점수는 낮잖아. 오늘은 너만을 위한 특별한 수업 방식으로 할 거야. 영어 점수 많이 올릴 수 있는 비법이니까 잘 듣고 따라해줘!"

"네네…."

"스프링 노트 꺼내봐. 영어 본문을 한글에 맞춰서 다 쪼개봐!"

"쪼개요?"

"민호야, 예전에는 시험 대비로 본문을 그냥 통째로 외웠지?"

"네."

"네가 단기 기억이 좋아서 외우는 건 잘해. 근데 일주일 정도 지나면 어떻게 돼?"

"다 까먹어요."

"그리고 문장 패턴을 분석하고 설명해줘도 대충 듣잖아. 그런데 이 방법은 네가 문장을 직접 분석하고 완성해서 영원히 너의 문장으로 기억하게 하는 거야. 시험 볼 때도 기억이 나고 생활 속에서 패턴처럼 기억나는! 그러니까 잘 들어봐!"

"어떻게 하면 돼요?"

"예를 들면, 본문에 이 문장 있잖아. He did not fall under any adversity or hardship."

"네!"

"노트에다 이 문장을 막 섞어서 써봐."

"그건 어순 배열이라고 문제집에도 있어서 풀어본 적 있어요."

"응, 그거랑 비슷해. 단, 네가 직접 섞어봐! 몇 번씩 써보는 것이 효과가 있으니까. 이렇게 쪼개봐. hardship, did, under, any, or, he, not, fall, adversity."

"헉, 이렇게 해놓으면 저 조합 못해요!"

"다음 스텝!"

어제 카카오톡 비밀 대화에서 나온 단어여서였을까, 나와 민호는 스텝이라는 단어에 피식 웃어보았다. 비밀을 공유한 선생님에게 어떻게 반항하겠는가? 민호의 집중력이 너무 좋아서 EBS 강사가 칠판에 분필을 던지면서 열변을 토하듯 문법을 정리해주었다.

"자, 쪼갠 것을 노트에다 조합해봐."

"잘 안 돼요. 이 짧은 문장을 굳이 분석해서 조합해야 해요?"

"나도 영어가 모국어였으면 이렇게 설명 안 해. 그냥 자연스럽게 말해보겠지. 미국 드라마 보면서 연습해도 되고, 좋아하는 영화를 가지고 자막 없이 공부해도 돼. 그런데 우리는 내신을 위해 암기해야 하는 입장이니까 선생님 방법을 따라해보길!"

"네!"

이때는 그랬다. 앞으로 어떤 일이 벌어질지 모른 채 비밀을 공유했기 때문에 민호가 수업에 집중을 잘한다고 생각하면서 잘 따라와주는 수업 분위기에 내가 더 신나했다.

카카오톡 비밀 메시지

민호: 선생님.. 주무세요?

황쌤: 아니~

민호: 학폭위가 열린대요..

'학교폭력위원회'라는 단어는 학생들을 가르치면서 많이 접해본 단어이지만 아이들을 가르치는 경력도 무색할 만큼 마음이 무거워지는 단어이다. 그런데 그 단어를 민호의 카카오톡 메시지에서 읽어냈을 때, 피곤의 무게에 잠이 들었던 기운을 떨쳐내고 집중해서 민호에게 답해주게 되었다.

여자친구 문제로 같은 반 친구를 때렸지만, 싸움의 강도보다 민호는 이 일로 여자친구와 헤어지지 않게 해달라는 것이 요지였다. 카카오톡 내용을 굳이 엄마에게는 말하지 말아달라고 몇 번이나 간곡하게 부탁하면서도 맞은 친구에게 사과하는 것이라든지 학폭위가 열리면 어떻게 상황이 진행되는지는 관심도 없는지 계속 '여자친구와 어떻게 하면 헤어지지 않는지'를 물어보았다.

생각해보았다. 지난번에 '리플리 증후군'을 언급하면서 거짓말을 하지 말라고 강조했던 것이 단순한 노파심에서였는지 아니면 오랜 가르침 후에 얻어진 심리적 '촉' 때문이었는지.

그때, 민호가 매일 밤 보내오는 카카오톡이 괴로워지기 시작했다.

민호는 가끔 실수로 나를 보고 엄마라고 불렀다. 대화를 하다 보면 자주 듣는 말이었다. 그런데 민호가 실수로 말해버린 '엄마'는 결이 달랐다. 숨 가쁘게 자기 이야기를 늘어놓다가 갑자기 툭하고 '근데, 엄마'라고 말해버리는 것이다.

생각해봤다. 처음 민호를 맡아야겠다고 결심했던 그날, 나는 왜 쉽게 민호를 책임진다고 했을까. 천진난만하게 엄마만 없으면 다 잘할 수 있다고 장난처럼 말했던 그 문장이 다른 아이들과 다르게 느껴졌던 건가. 아니면 끊임없이 무언가 하고 싶은 말이 있는데 털어놓지 못했던 것을 나만큼은 들어줘야 한다는 의무감이 있었던 걸까.

오늘은 마음의 다락방을 준비해야겠다. '안방토크'라고 해서 아이들과 안방에서 눈을 맞추고 속마음을 들어보는 시간이다.

마음의 다락방

아늑하게 담요를 깔아놓고 캔들을 하나 켜놓았다. 조명은 조도를 낮추고 민호와 상담을 시작했다.

"선생님! 분위기 좋은데요."

비밀이 많은데도, 학교에서 사고를 치고 결과를 기다리는 중에도 민호는 이렇게 가볍게 웃으며 장난처럼 말을 건네곤 했다.

"민호야, 엄마는 더 이상 여자친구 문제는 거론하지 않으셔? 오늘은 여자친구가 헤어지자고 안 해? 친구랑 싸우지는 않았지?"

"오잉? 선생님, 왜 그래요?"

아, 마음이 급했다. 민호가 진지하게 상담의 목적을 이해하고 자기 내면의 목소리에 귀 기울여주기를 기도했다.

"민호야, 오늘은 다락방 컨셉이야. 우리 잠깐 크게 호흡해보자."

기억하자. 상담은 집짓기와 같다. 민호와 관련된 이야기를 '지형조사'로 끝 냈고, 지지대를 설치해서 '지반을 다졌고' 이제, 추억을 꺼내보자. 민호와 나의 공감 포인트를 찾아보자.

"민호야, 어릴 때 자주 갖고 놀았던 장난감, 기억나?"

"아, 장난감이요? 음, 레고⋯였던 거 같아요."

"엄마랑 아빠랑 함께 놀았어?"

아빠라는 단어에 내 얼굴을 한번 쳐다보고는 장난기가 사라진 목소리로 대답했다.

"아빠는 늘 늦게 들어오시고 엄마는 항상 누구랑 통화를 했던 것 같아요. 저 혼자 레고 가지고 놀았어요. 근데 지겨워서 안 했던 것 같기도 하고."

"완성하면 엄마 보여드렸어?"

이제는 그 상황 속으로 빠져들어가면서 빠르게 말하기 시작했다.

"네네, 제가 레고 가지고 놀면 엄마가 좋아했던 것 같아요. 그래서 블록 수 많은 거 만들어놓고 엄마에게 자랑하면 칭찬했던 것 같아요."

"그랬구나. 엄마가 가까이 와서 레고를 보고 칭찬했어?"

해맑았던 얼굴이 이내 어두워졌다. 상황에 따라 달라지는 눈빛이 너무 자주 흔들려서 안쓰러웠다.

"음…, 칭찬만 하고 다시 통화했던 거 같아요. 주로 아빠를 험담하죠. 흐흐."

아빠 이야기가 나오면 얼굴빛이 더 어두워지는데도 입으로는 아무 일도 아니라는 듯이 자주 실소를 터뜨렸다.

"험담해?"

"음, 울기도 하고요."

"이런 이야기하면 힘들어? 그만할까?"

나하고 대화하는 것이 끝나버릴까봐 성급하게 말을 가로막았다.

"아뇨, 하나도 안 힘들어요. 근데 이런 이야기가 엄마랑 상담할 때 도움이 돼요?"

"음, 도움이 되지. 그런데 너무 사적인 대화라서 말하기 어렵거나 네가 하기 싫은 이야기는 안 해도 돼. 그런데 민호야, 밤마다 잠 안 자고 페이스북으로 친구와 대화하거나, 여자친구 뭐 하나 찾아보거나, 선생님한테 비밀 이야기 털어 놓는 시간이 과연 민호에게 행복한 시간이 될까 고민하다가, 선생님이 마음먹고 부른 거야."

엄마를 사랑하는 민호가 엄마를 두려워하듯, 여자친구를 좋아한다고 하면서 집착이 심한 민호에게 여자친구를 진짜 좋아하는 건지 옆에 누군가 없어서 그런 건지, 왜 그렇게 헤어지는 것을 두려워하는지 그 이유를 스스로 인지하게 해주고 싶었다.

여자친구가 언급되자 민호가 급하게 몸을 고쳐 앉았다.

"선생님, 그거 말이에요. 여자친구 뭐 하나 찾아보는 거, 사실 그게 제일 힘들어요. 페이스북에서 현활이라고 현재 활동 중으로 나오는데 제 메시지에 대답을 안 하는 거예요. 그럼 친구타기로 찾아가보면 다른 친구들과는 대화하고 있었더라고요. 그럼, 저를 무시하는 거잖아요?"

"음, 무시한다고 생각이 드는구나. 화났겠네."

"네, 그러면 잠이 더 안 와요. 그래서 선생님한테 카톡으로 하고 싶은 말 털어놓는 거예요."

"그랬구나. 휴대폰 그렇게 오래 하면 엄마가 아실 텐데."

"많이 걸렸죠."

"엄마가 혼냈어?"

"혼내기만 하나요. 아빠 닮았다고, 말 뒤지게 안 듣는다고 짜증 내요."

엄마가 자기 방에 들어오는 것을 상상하듯 입가에 미소를 보이면서 편안하게 전달해주고 있었다.

"그랬구나. 민호는 엄마가 방에 들어오실 때 어때?"

"그거 아세요? 방문 열면 처음에 떨려요. 휴대폰 감춰요. 그리고 엄마 얼굴 봐요. 선생님! 아시죠? 엄마 이쁜 거?"

"응, 알지."

"엄마가 다정하게 '민호야, 아직 안 자는구나. 자야지' 뭐 그런 거 기대해요. 어릴 때는 안아주고 자주 했던 말 같은데, 제가 문제죠 뭐. 사실 알고 보면 엄마도 불쌍해요."

엄마가 불쌍하다고 말하는 민호의 말이 '엄마를 많이 사랑해요'로 들리는 것은, 과외지도를 하면서 보았던 사람들을 챙기는 선한 마음과 "엄마, 저 공부방 제시간에 왔어요. 잘했죠?"라고 엄마와 자주 통화했던 민호의 모습이 오버랩 되었기 때문인가.

민호가 보여주는 불안감이 가족력인지 알고 싶었다. 누군가와 헤어지는 것이 너무 어렵다는 민호는 특히 여자친구와 헤어지는 것을 너무 두려워하고 있었다. 민호의 마음을 알기 위한 상담이 진행될수록 자주 들려 주는 '어릴 때 엄마랑 아빠가 싸우면 아빠는 안 들어오시고 엄마도 말없이 자기를 두고 나갔다'는 그 말에서 집착이기보다는 분리불안처럼 보였다.

그래서 여자친구 문제만큼은 거듭 제대로 해결해주고 싶었다.

"그러면, 여자친구랑 헤어지는 게 싫다고 했는데, 좋아서, 정말 좋아서일까? 아니면 그냥 헤어지는 상황이 싫어서일까?"

"음…, 어렵다. 모르겠어요. 선생님, 근데 여자친구가 헤어지자고 하잖아요. 헤어지지 않게 도와주세요. 그것부터 해결해주세요. 네?"

긴 대화 끝에도 민호는 원점으로 돌아가 여자친구 이야기를 반복하고 있었다.

비밀 메시지를 마무리하다

다락방 분위기를 갖춘 안방토크를 마무리해야 했다.

"민호야, 오늘은 고민해보자. 헤어지는 것이 왜 두렵고 싫은지. 그 여자친구랑 계속 사귀어야 하는 이유가 뭔지. 적어봐도 되고."

"아…, 싫은데."

"근데 민호야 적어보거나 그 문제를 회피하지 않고 오래 생각만 해도 너의 목소리에 집중할 수 있게 된다."

"'나의 목소리에 집중한다'가 뭐예요?"

"떠오르는 생각을 억압하거나 '에이, 될 대로 되라지 뭐' 그렇게 하지 않고, '내가 왜 여자친구에게 이렇게 목숨 걸지?', '왜 엄마랑 싸우기 싫지?' 이런 사소하게 보이는 질문들을 곱씹어보기만 해도 마음이 편안해지고 쉽게 해답이 보이기도 해."

"그럼, 행복해지나요?"

이제는 가볍게 치부했던 일들을 깊게 생각할 것 같았다. 손을 잡으면서 당부했다.

"적어도 한 여자에게 목숨 걸고 페이스북을 뒤지는 일은 안 하겠지. 민호야! 근데 반복적으로 스스로에게 묻고 고민해봐야 돼. 한 번만 하면 안 돼."

시험 기간이 끝나면 공부방은 이벤트를 했다. 운동회를 하거나 여행을 가거나 아이들과 게임을 하는 것이다. 민호뿐만 아니라 모든 친구들이 시험으로부터 해방되었다는 생각을 할 수 있는 시간을 갖게 했다.

'털어낸다'는 것은 시험의 압박도 있지만, 한 장소에 오래 앉아 있으면 '생각의 꼬리'라는 것이 있어서 나는 반드시 '털어내는' 시간을 유도했다.

가족의 아픔을 털어내든, 등수의 압박을 털어내든, 친구와의 갈등을 털어내든 우리 모두는 열흘 동안 털어내고 비워냈다. 민호가 조용했다. '이놈도 털어냈나…'

카카오톡 비밀 메시지
민호: 쌤..
황쌤: 오우~ 이 시간에 연락 오는 거 오랜만이네 ^^
민호: 여자친구와 헤어졌어요..

오랜만에 받은 카카오톡의 내용은 여자친구 어머니와 민호의 어머니가 다투어서 이제 여자친구를 만나지 않겠다는 글로 시작했다. 하지만 대화를 하다 보니 헤어졌다는 말은 거짓말이었고, 사실은 갈등을 만들지 않기 위해 진실을 말하는 것을 잠시 보류하고 몰래 만날 거라고 써내려갔다. 화가 나서 다그치듯 정리해주었다.

카카오톡 비밀 메시지

황쌤: 여자친구와 헤어지지 못하는 이유 써봤어?

민호: 네

황쌤: 적어봐

민호: 예쁘다, 착하다, 똑똑하다

황쌤: 전제나 조건이 없는 결론형 문장 말고, 민호야 잘 들어봐! 이렇게 써볼게. 엄마가 반대해도 사귀어야 하는 이유는… 예뻐서! 어때?

민호: 음.. 머리가 비어 보여요.

황쌤: 다시, 여자친구 엄마가 우리 엄마에게 '당신 아들이 왜 우리 딸을 좋아하는지 모르겠어요, 말려주세요!'라고 말했는데 사귀어야 하는 이유는, 착해서! 이건 어때?

민호: 화나요..

황쌤: 이번에는 네가 지난번에 했던 말 인용해볼게. 아빠가 엄마에게 '자식교육 똑바로 안 시켜!'라고 화내서 엄마가 우는데도 사귀어야 하는 이유는, 똑똑해서!

민호: 쌤.. 그렇게 심각한 얘기하지 마세요..

민호는 심각하고 깊은 이야기를 듣고 싶어하지 않았다. 다른 사람들은 민호를 볼 때 이렇게 말했다. '가볍게 살고 쾌락을 좇아 사는 문제야'라고. 하지만 나는 알고 있다. 과거를 추억하면 괴로워서 마음 저 깊은 곳에 억압해두고, 자기편을 찾아 위로받고, 어려운 일이 생기면 의존해서라도 해결하고 싶은 여린 아이라는 것을.

민호에게 말했다.

사람들은 선입관을 뒷받침하는 근거만 수용하고, 자신에게 유리한 정보만 선택적으로 수집하고, 자기가 보고 싶은 것만 보고, 믿고 싶은 것만 믿고, 정보의 객관성과는 상관없이 판단하는 '확증편향'을 갖고 있다고, 너를 그렇게 사람들이 본다고 설명하면서 근시안적으로 살지 말라고 울부짖듯 카카오톡을 마무리했다.

비밀 메시지를 받고 나면 저절로 무릎을 구부려 기도하곤 했다. 잘 가르치고 제대로 위로할 수 있는 방법을 달라고.

그날 밤, 민호 어머니에게 비밀 메시지가 오는 것에 대해 상담해야 한다는 양심의 소리가 마음 언저리를 쿡쿡 찔러대니 잠을 이룰 수가 없었다. 민호를 위로하는 것으로, 민호가 마음이 편안해지는 것만으로는, 더 이상 대화를 이어갈 수 없었다.

이제는 판도라의 상자를 열어서 보여드려야겠다고 결심한 다음 날, 어머니와 힘든 상담을 했다. 상담을 마친 후 "그동안 감사했습니다…"라는 어머니의 회피로 2년의 과외는 끝이 났다.

그리고 8개월 만에 다시 만났다. 축구를 하다가 뛰어올 정도로 내가 반가운 모양이었다. 그리고 지금 다시 민호를 가르치고 있다.

—

"공부 분위기 흐리지 않겠어요?"

"선별해서 아이들을 받았으면 합니다."

"결국, 공부 안 할 걸요."

민호 같은 아이들을 가르치려고 결심할 때 들려오는 이야기입니다. '고정 관념, 편견입니다'라는 당당한 답변을 들려주지는 못했습니다. 그저 "제가 해보 겠습니다. 제가 필요하다면요"라고 말했습니다. '선생님이 필요해요'라는 사인을 거부하지 못하고 그 아이와 24시간을 함께하며 손을 잡아주는 것이 나만의 방 식이기 때문입니다.

※ 다시 가르치고 다시 아파하는 민호의 이야기는 4장 '역주행? 말도 안 돼!'로 이어집니다.

선생님 이야기 - 아픈 과거에 감사하며

,

♥ 나의 이야기　　비상, 나도 날고 싶었다

다시 돌아온 기사식당 한편에 있는 작은 골방에서 엄마와 둘이 살기에
는 나의 스무 살이 앳되고 예뻤다. 어쩌면 술을 건네며 거친 소리를 뿜
어대는 기사식당의 밤문화가 싫었을 수도 있다. 큰오빠 집으로 들어갔
다.

'띵동! 띵동!'

초인종 소리가 요란한데 새언니의 반응이 느리고 화가 나 있었다.

"언니 왜 안 나가요?"

"벌써 몇 번째인지 몰라. 교회 안 나간다는데 자꾸 오네!"

"제가 나가볼게요."

그렇게 8번째 방문한 40대 남자 분의 전도에 새언니 대신 내가 "한번
나가줄게요"로 교회와의 인연이 시작되었다.

한여름, 내 머리 위에서 선풍기가 윙윙거리며 돌아가는데 '한번 나가줄게요'로 손님처럼 찾아간 나는, 예배당 한가운데서 말리지 않은 머리가 건조되면서 마치 미친 사람처럼 앉아 있었다. 교회에 어울리지 않는 추한 모습이었다. 그때 성가대의 노래가 높은 천장을 타고 동굴의 목소리처럼 한 사람 한 사람의 귀에 울려 퍼지고 있었다. 어떤 사람들이 구별된 자리에서 저렇게 아름다운 노래를 부르는지 쳐다보고 있을 때, 꼿꼿한 자세로 필기를 하면서 설교를 듣고 있는 한 청년이 눈에 들어왔다. 그 청년이 필기를 하고 다시 고개를 들어 올리는 박자에 맞춰 내 심장의 박동소리가 선명하게 들렸다. 그 청년의 얼굴만 나의 프레임에 들어와 있었다.

'눈이 크네, 눈빛이 달라….'

첫사랑 덕인이를 처음 접했던 순간이다.

태양이 바다를 집어삼킬 듯 뜨거움을 내뿜고 있는 해운대 모래사장, 한 무리의 교회 청년들이 기타를 치며 노래를 부르고 있다. 목발이라는 것이 '짧은' 한쪽 다리를 지지해주는 도구일지는 몰라도 질퍽거리는 땅에서는 아주 무용지물일 뿐이다.

바닥의 질퍽거림은 나의 몸을 쏟아질 듯 기울어지게 했다. 그때, 청년 전도사님과 덕인은 나를 앞뒤에서 가이드해주며 걷고 있었다. 전도사님의 앞장서는 걸음 뒤로 나의 느린 걸음이 따라가고, 덕인의 손길이 닿을 듯 말 듯 따라왔다.

"잡아줘야, 편하나…?"

"업어줘야 편하죠!"

장난이었다. 정말.

"아 그래? 업혀. 모임 자리까지 업어줄게."

둘이 걸어가는 것도 무대의 주인공인데, 그때 나는 덕인의 등에 업혀 있었다. 집어삼킬 듯 뜨거웠던 해가 한쪽으로 기울면서 주황빛 노을이 마치 조명처럼 우리 둘을 비추고 있었다. 또 하나의 추억이 첫사랑이라고 인정해주며, 꿈같은 시간을 선물로 안겨주었다.

"전도사님, 저는 산행을 못하니 아래에서 기다리고 있을게요."

"아니에요, 완만한 곳까지 부축할 테니 같이 가요."

이번 청년부 모임이 산행으로 잡혔을 때 못 오르기 때문에 참여하지 않겠다는 표현을 하지 않았다. 산행은 포기해도 모임의 일원으로 함께하고 싶었기 때문이다. 그리고 부산 바다의 밀회 이후, 덕인과 함께하는 곳은 삶을 지지해주는 선물과도 같았기에 이번 산행도 둘만의 시간이 주어지리라 기대했었다.

하지만 덕인은 오지 않았다. 허탈한 마음에 걸음의 행보는 더 늦어졌고 그로 인해 전도사님과 함께하는 시간이 길어졌다. 전도사님의 배려는 교회를 나갈수록 친밀함으로 다가왔다.

몇 주가 흘렀는데도 덕인은 교회를 나오지 않았고, 덕인 어머니의 "아가씨가 장애인이어서가 아니라 덕인의 미래를 위해 교회를 옮긴다"는 통보를 듣고서야 이유를 알게 되었다. 더 이상 만나지 않겠다는 답변에 그분이 안도하는 표정을 지었다. 어떻게 마무리하고 헤어졌는지 모르게 집으로 돌아와 펑펑 울었다.

"누가 사귄다고 했나. 누가 결혼이라도 한대. 누군 장애인으로 태어나고 싶었냐고!"

눈물이 주는 위로가 컸다. 불안함으로 비참했을 때보다 이미 답을 알아버리고 나니 비참한 감정은 사라지고 객관적으로 상황을 볼 수 있게 되었다.

그가 전화를 받았다.

"교회 옮기지 마세요. 그리고 저도 옮기지 않을 거예요. 어머니보고 신경 쓸 것 없다고 전해주세요."

"미안해…."

아, 도대체 뭐가 미안하다는 건지. 답답한 대화 너머로 나의 첫사랑은 그렇게 끝이 났다.

교회라는 곳은 신앙인의 공동체이기 때문에 세속적인 잣대로 나를 판단하지 않을 것이라고 믿었다. 나는, 날고 싶었다. 예수님의 은혜에 힘입어 정상인과 사귀고 싶었고, 장애의 허물이 아무것도 아니라는 것을 보여주고 싶었다. 그 날개가 십자가 은혜이길 바랐다.

나는 그 교회에서 꿈같은 덕인과의 만남을 뒤로하고 전도사님과 1년을 교제했지만 그 역시, 가정의 반대로 나와의 관계를 끝냈다. 그리고 교회와 하나님을 원망하고 세상 남자와 새롭게 교제를 했지만 술과 담배 그리고 철학 외에는 관심이 없는 그 남자와도 6개월 교제로 막을 내렸다. 그리고 미친 듯이 성경을 읽었고 '제대로 예수님을 믿어보자' 다짐했었다.

"장애가 '죄악의 결과'가 아니다. 하나님의 계획이 있다. [더 큰 일]을 하게 하실 하나님의 섭리를 기대하라."

신체적 결핍으로 인한 사랑의 실패가 '외모로 인한 차별'을 당한 아이들을 품어주었던 이유가 될까요? [더 큰 일], 그 일이 힘든 아이들과 길고 긴 동행을 하며 '엄마'라는 이름으로 살아야 하는 이유였을까요? 아니면, 하나님의 은혜를 갚아야 한다는 사명감이 33년, 아이들을 가르치면서 물질을 나누고 가르치고 함께 자며 아이들의 아픔을 오롯이 내 몫으로 여기며 살아야 하는 이유였을까요?

1년 후, 하나님만 있어도 된다는 다짐은, 격하게 결혼하고 싶은 나의 외로움 앞에 흔들리기 시작했다. 결국, 유년기의 결핍과 스무 살의 일탈은 장애인이기 때문이었고, 예수님을 믿어도 나와 결혼하자고 말하지 못했던 남자들도 내가 장애인이기 때문이라고 결론 내렸던 나는, '사람을 보는 눈'을 흐리게 만들어버렸다.

발표자가 마이크를 스피커에 가까이 대자 고막을 찢을 듯 날카로운 소리가 강의실을 에워싸고 있었다. '되울림' 현상이다.

"마이크를 떼세요!"

그때, 그 단순한 말 한마디가 내 인생의 전환점이 되었다.

1992년, YMCA 4층, 엘리베이터도 없는 건물 꼭대기 층이 매주 출석하고 있는 독서모임 장소였다. 목발을 의지하며 힘겹게 계단을 올라가고 있는 내게, 담배 냄새가 배어 있는 남루한 옷을 입은 남자가 도움을 주기 위해 다가왔다.

하나님의 은혜에 감사하며 사는, 책의 지혜를 나누며 정의구현에 앞장서는, 그때는 그랬던 나는 그 남자의 과도한 친절 앞에 그 남자의 가난과 그 남자의 학력과 그 남자의 악습이 눈에 들어오지 않았다.

세 번의 연애에 실패하고 나자 YMCA 남자 멤버들 앞에서는 '나를 사랑해주세요'라는 이미지는 탈피한 지 오래였다. 아니, 그렇게 하지 않아도 될 만큼 자신이 있었다.

그 당당한 목발의 아가씨를 쟁취하려고 3대 독자였던 그 가난한 남자는 맥주병을 깨서 이마를 긋고 장애인과의 결혼을 승낙받았다.

1993년 10월 23일, 하늘에서 비가 내리고 있었다. 결혼식 날 비가 오면 잘 산다는 말보다 비 오는 날 걷다가 넘어지면 안 된다는 나와의 다짐이 앞서는 날이었다. 교회 예배당에 정상인과 장애인의 결혼을 축하하는 하객들이 가득 찼다. 심지어 안 믿는 사람들도 정상인이 사랑하는 아가씨가 누구인지 기웃대기까지.

그리고 2개월 후, "아이고, 허니문 베이비네요. 축하합니다. 임신입니다."

보란 듯이 잘 살고 싶었다. 나와 헤어지며 당당하지 못했던 남자들에게 그리고 장애인을 폄하하는 사람들에게 장애인이 얼마나 잘 살아내는지 보여주고 싶었다. 가장 예쁜 임산부 옷을 사며, 비싼 철분제와 제철 과일을 먹으며 행복해했다.

"자기야! 난 과외 끝났는데 자기는 오늘도 늦어?"

"일이 많네. 먼저 자."

임신 6개월, 매일 늦게 들어오는 남편의 행동이 이상해서 의심하기 시작했다.

'이렇게 매일 늦을 수 있나?'

아이들 과외지도를 끝내고 밤 10시, 남편에게 전화를 걸지 않은 채 회사를 찾아갔다.

"스테이!"

"콜!"

회사 문 밖으로 알 수 없는 용어들이 들려왔다. 남편의 목소리가 겹쳐 들려왔다.

'아직 회사에 있네. 괜히 의심했어…'

돌아서는 나의 등 뒤로 "5만원 받고 5만원 데!" 남편의 목소리가 큰 울림을 타고 들려왔다. 순간 알았다. 노름이구나…

그렇게 밤마다 노름을 했던 것이다.

임신 10개월, 배가 너무 불러와서 목발을 짚고 걷는 것이 힘들어졌다. 아이들 과외지도를 쉬면서 태교에 신경을 썼다.

'오늘도 늦네…'

새벽 1시, 돈을 잃었는지 술을 마시고 들어온 남편은

"돈 가진 거 있어?"

협박하듯 처음 보는 얼굴로 돈을 갈취했다. 돈보다 다시 나가지 않게 하고 싶었다.

"가지 마. 이제 그만하자, 응?!"

뿌리치고 나가는 남편을 잡기 위해 목발을 짚을 수 없던 만삭의 임산부는 계단에서 굴러가며 그를 잡으려 애썼다. 그 용씀이, 아니 복도에 울려 퍼지는 목소리의 애절함이 결국 그의 노름을 잠시 잠재울 수 있었다.

"아들이에요!"

간호사의 말끝으로 다급하게 물어보았다.

"손은 있나요? 발가락은 다섯 개인가요?"

바보 같은 질문이었다. 장애인이 낳았다고 장애를 갖고 태어나지 않을 텐데….

아들이 다섯 살이 되기까지 남편은 세 번의 직장을 옮겼고, 길게는 1년 짧으면 한 달을 끝으로 퇴사했다. 나는 아들의 흔들침대를 한 손으로 밀어주며 다른 한 손으로 학생의 참고서를 잡은 채 과외수업을 했다. 예수님을 믿었지만 믿음만으로 남편의 백수 시절을 참아낸 것은 아니었다. 끊임없이 유도했고 내가 번 돈으로 노름을 하는 남편을 찾아다니느라 새벽마다 차를 몰아야 했다. 그리고 변화시킬 수 있다는 자신감으로 끊임없이 인지시켰다. 더 나은 미래를 위해 이렇게 살면 안 된다고.

물론 1년 내내 놀면서 노름하지는 않았다. 과외지도를 도와주기도 하고, 새로운 직장을 구한다는 이유로 책을 읽으면서 취업준비를 했다. 그렇게 일하는 날보다 노는 날이 더 많아지고 아들이 여섯 살이 되는 해, 규모가 제법 크고 직업군이 다양한 지역으로 옮기면서 남편은 전적으로 나의 과외를 도와주는 일에 치중했다.

"남자는 아침에 무조건 나가야 돼. 과외는 나 혼자 할 수 있으니까 일을 해줘."

"알았어. 알아볼게."

그때는 선하다고 생각했다. 알아본다고 하지 않는가.

그러나 말뿐이었고, 알아보러 나간다고 하고 PC방에서 게임을 한 것을 나중에 알았다. 여자 혼자 벌어서 아이를 키우며 아파트 대출금을 갚아가는 삶이 녹록지 않아지자 거의 매일을 싸웠다. 급기야 친정 식구들은 이혼을 종용했다. 그때 나는 이렇게 말렸다.

"장애인하고 결혼해준 사람이야. 나랑 결혼하려고 맥주병을 깨서 이마를 그은 사람이라고!"

바보였다. 기준이 낮아지고 가치관이 흔들리자, 싸우면서도 가정을 지켜야 한다고 울부짖었다.

'모든 것이 주의 은혜입니다. 그런데 너무 힘들어요. 도와주세요'라는 기도로 응어리를 풀어내는 것이 유일한 해결책인 줄 알았다.

"아이고 똑똑하네요. 아들이 심부름도 잘하고."

PC방을 전전하는 아빠 대신 아들은 작은 음료수에서 무거운 수박까지 들어주며 내 옆에서 손과 발이 되어주었다. 운동을 좋아하고 잘 웃으며 친구가 많은 아이로 성장해주었다.

지금은 쓰지 않는 표현이지만, '너 때문에 산다'는 표현으로 아들을 내 옆에 두려고 했다. 그것이 그렇게 무서운 말인지 나중에 알았다.

아들의 존재가 힘이 된다고는 하지만 남편의 잦은 외박과 하루 종일 같은 일을 하고 혼자가 된 밤이면 나는 남편을 탓하고 하나님을 원망하며 게임을 하기 시작했다. 8년의 세월을 교회를 등지고 스무 살 일탈의 쾌락을 다시 찾기 시작했다.

"엄마, 다시 교회 나가면 안 돼?"

바다 아래로 빠지고 있는 가정을 수면 위로 꺼내준 건 아들의 전도였다. 다시 교회를 나가고 뜨거워진 신앙의 결단은 눈으로 보기에는 괜찮은 가정으로 연명하고 있었다.

과외학생 숫자가 혼자 가르치기 어려울 정도로 많아지기 시작했다. 과목별 선생님들을 구하고 남편은 학생들을 대상으로 차 운행을 해주기 시작했다. 합법적 백수가 된 것이다. 누가 봐도 직업이 있는.

대학교를 자퇴한 것이, 보여주는 졸업장이 없는 것이 과외학생들에게 본이 되지 않는다고 생각했던 나는 다시 대학을 졸업하고 대학원을 진학하면서 과외의 질을 높여갔다. 하지만, 학력의 차이로 오는 오만함이 자기를 무시하는 것

125.

이라고 생각했던 남편은 과외지도를 끝낸 뒤에 다시 공부를 하고 있는 서재의 불을 끄거나 심지어 폭력을 행사해서라도 나의 공부를 방해했다.

한 달 30일을 쉬지 않고 과외하고, 대학원 수업이 있는 날은 서울로 강의를 들으러 갔다 오면 나의 일주일은 초주검이었다. 그러나 육체적 피곤함보다 더 힘들었던 것은 반기는 사람 없는 쓸쓸한 가정의 그림자 위에 나만 보고 있는 아들의 웃음이었다. 이 역시 아들에게 아픔을 주는 표현이라 써서는 안 되는 표현이지만 그때는 아들을 보면서 너무도 자주 말했다.

"너는 아빠처럼 되지 마. 훌륭한 사람이 되어야 해."

그렇게 쏟아낸 다음 날이면 어김없이 자괴감으로 힘들어했다.

친구가 물었다.

"너…, 행복해…?"

삐이ㄱㅇ…익, '되울림 현상'이다.

"마이크를 떼세요!"

"아, 시끄러. 발표자님, 마이크를 스피커에서 떼세요!"

수업을 듣는 강의실, 나는 결심했다. 이렇게 살아서는 안 되겠다고.

서울에서 인천까지 어딘가에 부딪쳐 죽고 싶은 마음으로 차를 몰았다.

'나락이야. 더 내려갈 곳도 없어!'

'…그만하자. 내 인생에서 남편을 떼자.'

심리학을 배우고 아이들과 동고동락하는 공동체를 운영하면서 나를 거울처럼 따라하는 아이들이 많아졌고, 내 말과 행동이 전부 아이들의 살아 있는 교재가 되어버린 그 무거운 책임감이 나를 에워싸기 시작했다.

이제 아들만 책임지는 것이 아니었다. 수십 명의 아이들과 늦은 시간까지 함께하다 보니 나만 보이는 아픔들이 있었다. 그 아이들을 한 명 두 명 품다보니 아이들이 나와 살고 싶다고 했다. 그때부터 책임감이 사명감으로 바뀌기 시작했다.

하지만 나의 확고한 사명감 뒤로 여전히 놀면서 선한 이미지만 갖고 있는 남편은 나의 목을 죄어왔다. 이제는 노름이나 PC방의 수준을 넘어선 방법으로 나의 돈을 가져갔다.

지인들은 말했다.

"돈은 어차피 잘 버니까 그냥 살지."

"그동안 어떻게 참았대."

"아들 결혼식 때는 어떻게 하려고?"

이제는 '보이는 이미지'로 나를 각색하고 포장하는 삶은 안녕이다.

무엇보다 아이들 앞에서 보이는 이미지에 신경 쓴 채 가면을 쓰고 살면서, 심리학을 적용하며 사랑을 나눌 수가 없었다. 이제, 나는 남편을 옹호하며 '함께' 살아갈 수 없다. 남편을 양육하고 보호하는 의무는 없는 것이다.

범사에 남편에게 복종하라는 성경의 말씀에도 자유할 수 있게 되었다. 남편의 의무를 다하는 사랑의 바탕 안에 할 수 있는 것이다. 게다가 하나님은 중심을 보시지 않는가. 가짜의 모습으로 기도하는 것보다, 자유의 몸으로 은혜 안에 머무는 것이 하나님의 마음이라는 것을 알았다.

왼쪽은 성경말씀을 필사한 노트입니다. 성경은 확언이 가장 많은 책입니다. 읽고 쓰면서 삶이 단단해졌습니다. 오른쪽은 일기장입니다. 아이들을 위한 기록과 장애인, 여자, 상담자, 선생님으로 살아가는 녹록지 않은 이야기들을 매일 기록했습니다.

성경 말씀을 노트에 옮긴 지 10년이 넘어간다. 기도로 토로해도, 목 놓아 울어도 해결되지 않았던 문제가 성경말씀을 한 절 한 절 옮겨 쓰면서 심장의 근육이 단단해지고 세상을 똑바로 바라보는 힘이 생겼다.

사마리아 여인에게 돌을 던질 수 없듯, 장애인 막내를 힘겨워했던 가족, 그리고 일하지 않는 이유를 만들어가며 살았던 남편에게 돌을 던지지 않자 나의 내면의 아이는 성장했다.

이제야, 어른이 된 것 같다.

존경하는 ○○님

영왕회라 1932년 ○기

또 내게 보일 징조가 이러하니
너희가 금년에는 스스로 자라난 것을 먹고
내년에는 그것에서 난 것을 먹되
제삼년에는 심고 거두며 포도원을 심고
그 열매를 먹으리라. 2017년!

유다 족속 중에서 피하고 남은 자는
다시 아래로 뿌리를 내리고 위로 열매를 맺을지라
남은 자는 예루살렘에서부터 나올 것이요
피한 자는 시온산에서부터 나오리니
여호와의 열심이 이를 이루리라 하셨나이다 하니라.

그러므로 여호와께서 앗수르 왕을 가리켜 이르시기를
그가 이 성에 이르지 못하며 이리로 화살을 쏘지 못하며
방패를 성을 향하여 세우지 못하며 치려고 토성을 쌓지도 못하고
온 길로 돌아가고 이 성에 이르지 못하리라 하셨으니 이는 여호와의 말씀이라
내가 나타 나의 종 다윗을 위하여 이 성을 보호하여 구원하리라
하셨나이다 하였더라.

"선생님, 제가 3년이나 과외를 했는데 남편 분은 한 번도 못 뵈었네요?"

"아 네, 주말 부부예요."

"선생님, 실례가 안 된다면, 아들이 있다는 것은 결혼했다는 건데, 남편 분은 어디 계세요?"

"아, 지방근무 하세요."

"선생님, 남편 분은 직업이 뭐예요?"

"아…"

그랬었다.

비가 많이 온 날, 잠시 비가 그치고 그 찰나의 빛을 느끼는 순간에 남편이 찾아왔습니다. 택시로 벌어온 100만 원을 주면서 잘해보자고.

"선생님 남편 분은?

"아, 헤어졌습니다."

"아, 네."

"제가 아이들 지도하는 거랑 제 남편과 무슨 관계가 있나요? 제가 가르치는 데 문제가 있나요?"

허허, 헤어졌다고 하고 마무리할 걸. 아직 버리지 못한 그림자를 당당함이라는 포장으로 발끈하다니.

이제 시작이다. 내면의 아이가 어른이 되어서 진짜 상담을 해줄 수 있는.

생각해보았습니다. 33년 과외 지도하는 선생님의 역할의 시작은, 장애인으로 태어난 제가 할 수 있는 유일한 직업이었지만 가르치면서 숙식을 같이해야 했던 6년의 시간은 선택이 아니었습니다. 제가 뭐라고 아이들을 선택해서 가르치겠습니까.

아이들은 저에게 하나님이 안겨준 선물이었습니다.

고개 숙인 아이들이 이유를 말하지 않아도 알 수 있는 관찰의 힘, 부모와의 갈등으로 방황하고 있는 일탈의 현장에서 용감하게 도와줄 수 있는 힘, 그 힘을 제게 주셨습니다.

나의 유년기의 결핍과 장애인의 신체적 결핍은 그 힘을 올바르게 쓸 수 있도록 도와준 경험의 요소일 뿐입니다.

누구나 아프지요. 그 연단의 깊이들이 결실이 되어, 참 성공의 삶으로 살고 있다면 감사해야겠지요. 그 아픈 과거에게.

이 세상에 아프지 않은 사람은 없다

몸이 아픈 사람

마음이 아픈 사람

다만 자기가 아프다는 것을 알고 아픈 사람이 있고

자기가 아프다는 걸 모르고 아프다는 사람이 있을 뿐이다.

- 나태주, '그 길에 네가 먼저 있었다'

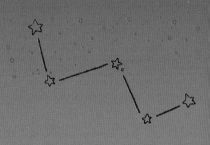

3장

경력과 연륜이 주는 도약

소심한 아이, 대륙으로 가다

,

운명이라고 말하고 싶다

2014년, 산들바람이 코끝까지 다가와 여름의 끝을 알려주는 초가을,

"안녕하세요. 상담하려고 왔는데요."

"네, 어머님이 아닌, 아버님이 찾아오셔서 살짝 긴장했습니다. 반갑습니다."

학생의 아버님께 명함을 건네드리며 아이의 성적 향상을 위해 상담을 했다.

중학교 2학년 여학생은 악성 곱슬머리로 얼굴을 다 가린 채 휴대폰만 바라보고 있었다.

"광주에서 아이 교육 때문에 신도시로 전학 왔습니다. 아이가 TV나 컴퓨터를 아주 많이 좋아합니다. 제 나름대로 TV는 없애고 컴퓨터도 치워놓은 상태지만, 아직 휴대폰은 정리하지 못해서 저렇게 자주 보네요."

"제가 수업을 진행해보고 휴대폰이 방해가 된다면 관리 들어가겠습니다."

"수학을 제외하고는 모든 과목 점수가 낮습니다. 학원을 몇 군데 옮겨봤지만 휴대폰으로 저렇게 게임만 하니…"

"도희라고 했지? 반가워."

"네…"

처음으로 얼굴을 자세히 보았다. 아빠를 닮았네…

"도희야, 선생님하고 심리테스트 해보고 성적 향상 방법 의논해볼까?"

"네…" 느리게 대답하는 말끝에 아이의 선한 마음이 묻어남을 느낄 수 있었다. 눈을 보면 알 수 있다. 아이가 나를 신뢰하는지 안 하는지는.

그날, 아빠 손에 이끌려 소심하게 대답하던 아이는 고3까지 함께했다. 그 '길고 긴' 동행 끝에 놀라운 기적을 안겨준 선물 같은 아이는 대학생이 되어서도 나의 공간에 아르바이트를 하러 오고 있다.

과외를 해서 성적만을 변화시키는 일터에서, '엄마 선생님'이 되어 아이들의 삶을 변화시키는 그 전환점의 공간에 도희가 있다. 이제 아이들은 나에게 선물이다. 현재만 보게 해주는 선물. Present(현재의, 선물).

엉켜있는 악성 머리카락을 밀어내며 웃는다. 미소가 예쁜 아이였다. 나를 신뢰한다는 눈빛을 읽어낸 그날부터 2년을 나와 함께했다. 광주에서 아빠와 함께 신도시에 거주하며 공부방 과외 수업을 받으러 왔었다.

공부하는 방법부터 비법까지 스펀지처럼 흡수했던 도희는 가장 오래 공부했고 좋은 결과로 기쁘게 해주었다. 게다가 그 누구보다 나의 말을 너무나 잘 들어주었다. 공부하는 중간에 목이 마른 선생님을 위해 텀블러에 얼음을 채워 물을 준비해주었고 "믹스커피는 종이컵에 타야 맛있지"라고 흘린 말에 종이컵에 어느 정도의 물을 따라야 커피 맛이 선생님 입맛에 맞는지 늘 물어가면서 커피를 준비해주는 아이였다.

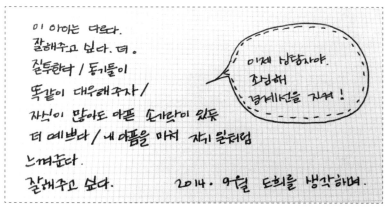

단순히 과외지도를 하는 공부방에서 본격적으로 '엄마 역할'을 하는 공부방으로 바뀌는 그 전환점에 도희가 있었습니다.

그래서일까. 가족과 함께 여행을 가거나 시험을 끝내면 며칠 공부방을 쉬는, 그래서 도희 얼굴을 보지 못하는 그날들이 내게는 힘들어지기 시작했다. 가끔은 도희에게 의존하는 나 자신이 초라했고 내가 경계선을 넘어서 도희가 불편해하는 상황이 올까봐 말할 때마다 내 마음속 내면위원회에게 생각을 검

증받고 말하곤 했다.

그때를 회상해보면 도희와 함께했던 중학교 3학년 수업이 가장 재미있었다. 학생 수도 가장 많았고 가르치는 내용들을 스펀지같이 너무 잘 흡수해주었다. 국제도시에서 나의 입지를 굳히는 결정적 역할을 해준 팀이 중학교 3학년 아이들이었다.

"선생님! 하나 틀렸어요!"

"오, 잘했어! 수고했어!"

시험을 끝내고 전화가 바로 오면 결과가 좋다는 의미였다. 연락이 없으면 못 봤다는 암묵적 의미로 우리는 이해했다. 중학교 3학년 학생들의 성적이 오르자 몇 개의 팀으로 나누어 할 만큼 학생 수가 늘었고 수업량이 많아졌다.

"선생님이 알려주면 테스트는 너희들이 짝을 지어서 해봐. 일종의 멘토, 멘티 개념인데, 먼저 외운 사람이 테스트를 해줘. 그리고 잘하는 과목은 멘토가 멘티에게 알려줘. 아르바이트 비용은 계산해서 줄게!"

노동의 대가를 받는다는 선포에 환호성을 지르고 좋아하던 아이들은 이내 멘토, 멘티의 개념을 도입함이 선생님이 쉬겠다는, 돈을 써서 공부를 시키겠다는 얄팍한 수가 아님을 알게 되었다.

테스트를 해주다 보면 외운 학생은 두 번 외운 격이고, 대답하는 학생은 또래의 질문이라 더 잘해내려는 의지가 생긴다. 수학을 잘하는 학생이 수학을 알려주면 영어를 잘하는 학생이 영어를 알려주면 된다.

그때 공부방 이름이 '멘토'였다. 내가 멘토가 되어주겠다고 시작한 공부방의 이름이 그렇게 된 것이다. 처음부터 이렇게 의도한 것은 아니지만, 아이들에게 멘토라는 선생님의 자격을 부여하자, 토론학습에 이른바 '크레이지 공부'라는 백색소음을 내면서 암기하는 방법까지, 어느새 공부방에서는 멘토와 멘티가 서로서로 마주 보며 함께 동기부여를 하고 있었다.

여기저기서 "아!"라는 감탄사가 터져 나왔다. 이해했다는 뜻이고 잘해보겠다는 의지의 감탄사였다. 그 자리에 도희가 있었다. 가장 많이 테스트해주고 정작 본인의 점수가 낮게 나오자 시험이 끝난 뒤에 전화하지 않는, 걱정하게 하는 아이가 도희였다.

노을 지는 선재도를 추억하면

기말고사가 끝나면 학생 수의 변화도 있지만 방학을 통해 해외로 어학연수를 가는 그런 곳이, 내가 사는 곳이다. 누구와 헤어질지 누가 새로 들어올지 기대하고 떨리는 양가감정의 기간이 겨울방학을 앞둔 시점이었다.

도희 아버님이 방문하셨다.

"우리 도희가 중3까지 학업성취 결과도 좋고, 적응도 잘해내니 선생님 덕입니다! 그런데 이제 고등학교 진학을 위해 다시 광주로 내려가야 할지 고민이 많습니다. 선생님 생각은 어떠신지요?"

이별의 통보, 알고 있는 질문, 그러나 대답을 준비하지는 못했다. 질문의 의미를 제대로 파악하지도 못한 채 당연히 마지막 인사를 통보하는 것으로 이해했다.

"아, 그러셔야죠. 도희 생각은 어때?"

"저는 선생님만 괜찮으시다면 신도시에서 고등학교 생활을 하고 싶어요."

"아, 그래. 그럼 아버님과 신도시에 거주하면서 지금처럼 수업 받으러 온다는 거지?"

"아, 그게요. 아빠가 중국으로 사업차 나가셔야 돼서 선생님하고 살고 싶어요…"

고민하지 않았다. 멘토 역할을 잘해내는 도희는 이미 딸 같은 존재로 내 마음 깊이 자리 잡고 있었기 때문이다. 그렇다고 반색하지 않았다. 아버님과 그리고 광주에 있는 가족과 떨어져서 고등학교 3년 동안을 예약하고 같이 산다는 큰 결정 앞에서 '착한 딸'을 내가 소유하는 듯한 인상을 주고 싶지 않았기 때문이다. 본인의 입으로 결정한 3년의 숙식은 중간중간 가족을 그리워하고 타지에 있는 아빠와 엄마를 걱정하는, 그래서 더 독해진 도희를 보게 했다.

어느 날, 불 꺼진 공부방 거실, 스탠드 아래 고개를 들지 않고 책을 응시하는 도희가 보였다.

"아직 안 자는구나. 왜, 아빠 보고 싶어?"

질문 하나의 문장 끝에 도희는 화장실로 뛰어가서 꽤 오래 소리 죽여 울고 나왔다. 그렇게 도희는 아빠를 사랑하는 아이였다.

"도희야, 결정 다시 할까?"

"아니에요. 저 정말 독하게 공부해서 효도하고 싶어요."

선생님이 정말 좋아서 여기에 남고 싶어요, 라는 말은 기대하지 않았다. 3년의 세월, 도희는 착한 학생이었고 나의 손과 발이 되어준 학생이었지만 착한 [딸]은 아니었으니.

"도희야, 엄마가 회사 일로 힘드신가봐. 엄마 문자에 회사의 고충이 묻어나네…."

또 다른 위로 끝에 도희는 다시 화장실로 뛰어갔다. 그렇게 도희의 마음 깊숙이 자리 잡고 있는 가족애는 '엄마 역할'을 하는 나에게 '엄마'는 될 수 없다는 쓸데없는 생각을 천천히, 천천히 물리치게 했다.

챗바퀴 같은 똑같은 일상에 공부의 무게감을 없애주기 위해 드라이브를 하거나 영화를 보여주는 이벤트를 자주 기획했었다.

"오늘은 매운 불족발 어때?"

"너무 좋아요!"

"아! 선생님 수영복 산 거 안 맞네. 도희가 입을래?"

"네! 공짜는 다 좋아요!"

코드가 맞는다고 한다. 도희와 나는 의견이 자주 일치하고 음식 취향이 같으며 심지어 좋아하는 영화나 책의 장르 또한 일치했다. 코드가 맞으니 짧은 드

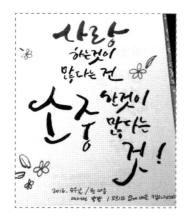

사랑 하는것이 만드는 건
순종 안것이 만드는 것!

2016. 여름 / 초여름
여서저녁 방방 / 도회와 함께 배운 구절으니다ㅋㅋ

라이브나 긴 여행도 우선순위로 도희를 찾았다. 이 역시, 학생과 무슨 여행이냐고 공부나 시키라는 신조를 가진 학부모였다면 턱도 없는 결정이었다. 항상 도희 부모님은 나를 믿어주었다. 그리고 며칠의 여행 이후에 도희를 위해 투자할 공부의 시간이 있다는 것쯤은 알고 계셨을 것이다.

여름방학, 공부방 휴가 기간에 도희와 선재도로 여행을 갔다. 짐을 풀고 바다로 나가자 도희는 고등학교 생활의 짓눌렸던 무게감을 바다에 던져버리듯 소리치며 달렸다. 이내 아이처럼 돌아와서 행복한 미소로 '이런 곳에 데려와주셔서 감사합니다!' 하는 미소를 보여주었다.

저녁이 되자 우리나라에서 노을이 가장 예쁘다는 선재도의 하늘이 빨갛게 물들기 시작했다. 노을의 색이 겹쳐지면서 섬 전체가 천지가 창조되는 그날의 오후처럼 아름다웠다. 눈이 부시게 아름다운 자연을 보면서 눈물이 쏟아질 것 같은 마음을 가다듬고 물었다.

도희와 함께 바라본 선재도의 노을은 너무나 아름다웠습니다.

"도희야, 선생님이 궁금한 게 있어. 금요일마다 집으로 가면서 그때 네가 그랬잖아. '선생님, 제가 선생님을 좋아하지만 딸은 아니에요…'라고. 선생님이 부담스러웠니?"

"아뇨. 제가 가면 혼자 있는 선생님이 외로울까봐 걱정도 되는데 그렇게 이야기한 건, 선생님이 경계선을 넘으면 음…, 그니까 저는 결국 남이잖아요. 딸처럼 대우해주시니까 저는 누릴 게 많아서 좋지만 선생님이 나중에 더 힘들어하실까봐, 좀 모질게 얘기했던 거예요…. 서운하셨어요?"

"아니, 딸은 아니지만 넌, 딸 그 이상의 역할을 해줬어. 게다가 너의 성적 향상이 공부방 부흥의 원동력이잖아! 선생님은 네가 있어서 좋다. 그냥 좋다!"

웃으면서 대화를 마무리하고 가슴으로 울었다.

'들켰구나, 나의 외로움을. 너는 나를 너무 많이 아는구나…'

소심한 아이가 표현을 하기 시작하다

심야영화를 보고 나오는 새벽의 거리는 신호등을 무시하고 달려도 될 만큼 한산했다. 하늘의 별을 보면서 도희가 멜론 디제이를 시작했다. 콜드플레이의 Fix you를 시작으로 Everglow, Yellow. 기분이 업 되면 Viva La Vida로 곡을 바꿔가면서 고등학교 여학생과 영화의 여운을 나누며 도시를 달렸다.

"선생님! 에드 시런이 내한한대요! 어떡해요, 어떡해요! 저, 진짜로 그 공연 보고 싶어요!"

말하는 시점은 고3 여름이었고, 스무 살 되는 해, 그러니까 다음 해 4월에 내한하는 에드 시런의 공연을 티케팅하고 싶다는 이야기였다.

"도희야, 침착해봐. 아빠가 허락하실까? 티케팅 하려면 카드 결제도 필요하고 무엇보다 수능을 앞둔 시기에 그렇게 유명한 외국가수 공연 자리를… 우리가 얻어낼 수 있을까?"

"선생님! 선생님도 좋아하시잖아요. 같이 봐요. 네?"

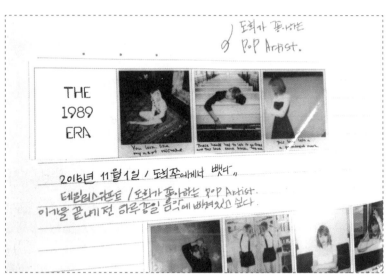

도희가 좋아하는 팝 아티스트가 나의 일상에 자리 잡게 되었습니다.

사실 콜드플레이, 에드 시런, 내 나이에 생소한 가수들이었다. 도희와 살면서 팝은 내 삶의 일부로 자리 잡았다. 어느 날, 내 차에 탄 아들은 내가 선곡해주는 팝과 요즘 유행하는 발라드를 듣고 꽤 놀라는 눈치였다.

"엄마! 엄마가 이런 곡을 들어? 신식인데. 그런데 엄마, '내 나이가 어때서' 라는 트로트 들어야 하는 거 아냐?"

농담인지 진담인지 모르지만 무척 서운했다.

"아버님, 도희가 에드 시런 좋아하는 거 아시죠? 내한한다고 하는데 공연 예매를 해야 하는데…"

"네, 필요한 절차가 있다면 말씀하세요!"

옆에서 떨리는 마음으로 아빠와의 대화를 엿듣고 있던 도희는 허락이 떨어짐과 동시에 손놀림이 빠르고 컴퓨터에 능한 친구를 섭외했다.

도희와 나는 결국 에드 시런 공연 티케팅에 성공했다. 돈과 시간을 들여 고3이라는 그 빠듯한 시간에 행복을 선사받았다. 믿어주는 부모님이 계시지 않았다면 영화를 보러 가는 것도, 공연을 예매하는 것도, 카페에서 수다 떨면서 공부하는 것도 쉽지 않았을 것이다.

도희와 나의 추억을 소환하면, 에드 시런의 Shape of you가 먼저 떠오르는 것은, 선한 도희 뒤에 선한 후원자인 부모님이 계시기 때문이었다.

'물이 바위를 뚫는 것은 물의 힘이 아니다. 물이 바위를 두드린 횟수라는 것을 잊지 말자. - 기적의 도서관 활용법.'

'사람이 인생에서 가장 후회하는 어리석은 행동은 기회가 있을 때 저지르지 않은 행동이다.'

'As I say yes to life, Life says yes to me. - LOUISE HAY'

도희 아버님의 카카오톡 프로필에 등장하는 명언들이다.

"도희야, 아빠가 무서워?"

"무섭다기보다 어려웠어요. 자기관리가 철저하신 분이었어요. 아빠가 원하는 이상이나 목표는 제가 할 수 없는 것들이었어요."

"정말? 왜 그렇게 생각해?"

"일단 전, 올빼미 스타일이에요. 밤에 안 자고 아침에 늦게 일어나는…. 근데 아빠는 부지런하세요. 증권회사 다니실 때도, 재택근무를 하실 때도 여전히…. 항상 계획한 것을 이루어내는 분이셨어요. 전 따라갈 수 없어요. 아빠가 원하는 이상적인 딸은 못 될 거예요."

강력한 확언의 문장이 아니었다. 고개 숙이고 눈을 피하는 단순한 고백일 뿐이라는 느낌이 들자, 일반적인 답답한 상황보다는 변화하기 쉽겠다는 나만의 자신감이 들었다.

한여름에 땀이 비 오듯 해도 도희는 머리를 묶지 않았다.

"도희야, 더운데 머리 묶고 공부할까?"

"아뇨…, 참을 수 있어요."

"참다니, 이유가 있나? 곱슬머리라는 이유 때문은 아니겠지?"

"사실, 제가 귀가 작아요. 예전에 친구가 저보고 귀가 작다고 놀린 다음부터 귀를 드러내지 않아요."

도희는 그런 아이였다. 외모를 지적하면 감추고, 공부를 못한다 하면 더 못하는….

그때부터 전략을 바꾸었다. 처음 수업할 때는 수학을 제외하고 모든 과목의 점수가 낮았다. 그 모든 과목의 점수를 올릴 수 있는 비법으로 도희만의 맞춤 문장이 있었다.

"지문을 소리 내서 읽어봐. 낭독하듯."

"자신 없어요…"

"해봐. 선생님만 들을게."

제대로 도희만을 위한 칭찬 릴레이를 시작했다. 매일 다르게 그리고 구체적으로 칭찬을 했다. 칭찬은 반드시 구체적이어야 한다. 구체성은 감정을 낳고 감정은 하고자 하는 결단력을 만들어주니까.

"도희야! 대박. 성우다, 성우. 오, 이번엔 아나운서 같다! 다시 읽어봐."

한 달 뒤, 도희는 스스로 국어 지문을 예쁜 목소리로 작게 소리 내면서 읽고 형형색색의 펜으로 밑줄을 치며, 중요 내용을 노트에 옮기면서 말했다.

"선생님! 이렇게요? 저 잘하고 있는 거 맞죠?"

"당연하지! 글씨도 우리나라에서 제일 예쁘게 쓸 걸. 대박! 네가 줄친 곳은 시험에 나올 수 있는 중요 문단이네! 어쩌면 그렇게 중요한 문장에만 정확하게 밑줄을 그었냐! 너, 족집게냐?"

웃는다. 치아를 드러내며 아주 크게 웃는다.

도희는 칭찬이 고픈 아이였다. 지나치듯 착하다, 예쁘다 해주는 칭찬 말고, 자기만 바라봐주고 제대로 이해하고 해주는 칭찬 말이다.

날이 너무 좋아서, 그리고 날이 너무 흐려도, 가끔은 고등학생의 무게감에 짓눌려 보여서, 부모님이 너무 보고 싶다고 한 날이라서, 이 모든 이유가 우리에게 서점을 찾는 이유가 되었고 도희는 책을 고르며 언어의 표현이 달라졌다.

선한 부모님의 미러링에 이어서 독한 선생님의 미러링으로, 부모님과 선생님을 기쁘게 해드린다는 마음으로 공부방에서 가장 오래 공부했고 학교 성적이 빠르게 올라갔다.

그리고 도희는 '국어 1등급'이 선명하게 찍힌 성적표를 받아왔다.

너는 결국 대륙을 택했다

아빠를 존경하는 도희는 가족력이 나오기 시작했다. 아빠가 원하는 아이의 모습이 만들어진 것이다. 명언을 가슴에 품고 나의 칭찬을 듣기 위해 단 한 번도 말썽을 부리지 않았다. 오히려 공부 외에도 나를 도와주는 범위가 많아져서 말려야 했다.

"도희야, 앉아 있어. 공부만 해. 괜찮아, 내가 할게."

"아니에요. 할머니도 힘드시고, 제가 할게요."

가족력이라 해서, 아픔의 범위만을 말하는 것은 아니다. 기본적으로 너무 많이 주는 부모님의 영향으로 도희는 베푸는 가족력을 몸이 아픈 할머니와 나에게 너무 자주 보여주었다. 결국, 도희가 말하는 경계선을 넘은 것은 나의 엄마였다. 하루에도 수십 번은 도희를 찾았으니, 동네 주민이 손녀딸인 줄 알고 있을 정도였다.

도희는 커리어 우먼의 역할을 잘해내시는 엄마와 중국과 베트남으로 영역을 넓혀가는 아버지 밑에서 영향을 받았고 그런 부모님을 떠올리며 자주 말했다.

"선생님! 저 효도하고 싶어요! 잘 살 거예요! 나에게 투자했던 부모님의 돈과 시간, 제가 다 갚아드릴 거예요!"

그리고 좋아하는 일을 하며 멋진 인생을 살기 위해, 이과생이었던 도희는 문과계열의 전공을 찾아보기 시작했다.

"선생님, 저 언어에 관심이 생겼어요! 〈노팅힐〉 영화를 자막 없이 보면서 영어도 공부하고 있다고요!"

"유튜브 '영국남자'를 그렇게 보더니만 결국 언어를 사랑하게 되었구나!"

그리고 도희는 중국에 있는 외국계열 대학교를 선택했다.

고개 숙이고 말을 느리게 하면서 늘 "괜찮아요…"를 말했던 아이는, 이제 아빠가 말했던 명언의 의미를 나에게 설명해주면서 명언대로 살 수 있는 미래를 그리고 있다. 이제, 그 아이는 악성 곱슬머리를 부드러운 머릿결로 바꾸고 유튜버를 통해 배운 화장을 하며 공부방에 다시 오고 있다. 공부방 후배들의 멘토가 되어주러.

도희가 중국으로 떠나는 날, 평소에 좋아하던 유형의 그림을 그려서 선물로 주었습니다.

—

　도희와 함께한 삶이, 무려 5년. 담백하게 쓰기 어려울 만큼 나눈 추억이 너무 많습니다. 나의 딸이 아닌 남의 딸인 도희는, 강단 있는 아빠 곁으로 돌아갔습니다.

　"야 울지 마. 또 볼 거잖아."

　'츤데레'(일본의 인터넷 유행어로 쌀쌀맞고 인정이 없어 보이나, 실제로는 따뜻하고 다정한 사람 – 편집자 주)처럼 말하고, 한 달을 헤맸습니다. 도희가 머물다 간 공간, 그 아이의 흔적을 지우느라⋯.

마음이 아픈 아이들의 이유는 참 다양하죠. 감사하게도 도희를 바꾼 나만의 전략은 너무 단순한 것이었습니다. '칭찬 그리고 미러링'입니다. 매일 칭찬하는 과한 칭찬 앞에 의심하는 친구도 있습니다. 그러니 조심해야 합니다. 칭찬은 구체적이고 진심이 담겨 있어야 합니다.

"귀가 작은 게 아니야, 귀여운 거지. 악성 곱슬머리는 올려서 묶으면 미용실에서 손질하고 온 것만큼 단단하게 잘 묶여. 묶는 게 훨씬 예뻐! 너는 보이시 (Boyish)하게 입으면 심쿵해! 쌍커풀 없는 눈동자에 뭔 짓을 한 거니? 화장 하나로도 성형한 것처럼 예쁘잖아!"

신체적 콤플렉스 따위는 구체적 칭찬으로 잊혀갔고, 멘토가 되어 가르치는 일을 하는 도희는 낯선 무대, 낯선 공간에 있는 것을 어려워하지 않게 되었습니다.

다음은 미러링(거울효과)입니다. 부모님의 성품을 그리고 함께했던 나를 미러링 함으로써 아이는 '모방이 창조보다 낫다'라는 말을 여실히 보여주었습니다.

"도희 뭐해?"

"휴대폰으로 유튜브 봐요."

"뭐냐, 중학교 2학년 휴대폰 중독으로 돌아간 거냐?"

"에이, 이제는 탄력성이 있잖아요. 공과 사는 구별하죠. 곧, 공부 들어갑니다!"

"아빠는 뭐하셔?"

"공부하셔요."

"여전하시구나."

아버님의 프로필 배경을 본다.

'파도가 아니라 바람을 봐라. 파도를 만드는 건 바람이다.'

여전하시다.

도대체 너의 '가시'는 누가 만들었니?

,

고슴도치의 가시가 보이다

고슴도치

털이 가시처럼 굵고 딱딱해진 센털(짧고 빳빳한 털 – 편집자 주)이 이마 뒤쪽부터 몸 윗부분을 덮고 있다. 주로 혼자서 생활하며 야행성이다. 해질녘과 이른 새벽에 가장 많이 활동한다. 시력보다는 후각과 청각에 의존해 먹잇감을 사냥한다.

"방학을 이용해서 한 달만 숙식을 하고 싶은데요."

"특목고 다닌다고 들었는데 기숙사 생활을 하지 않나요?"

"특목고라서 내신 등급이 잘 안 나와서요. 이번 방학은 기숙사 대신 이곳에서 생활하고 싶은데, 국어가 등급이 너무 낮으니까 일단 국어에 신경 써주셨으면 해요."

옆에 앉아 있는 고등학교 1학년 시우는 계속 머리카락을 만지고 있었다.

친근감을 얻기 위한 질문과 성적 향상을 위해 물어본 질문에도 성의 있는 답변이 나오지 않았다. 어쩔 수 없이 행동 심리를 노트에 기록하고 있었다.

시우: 다리를 떨면서 한쪽 손으로 오른쪽 머리카락을 계속 만진다. 책상 위에 짧은 머리카락이 탈모처럼 빠진다. 한쪽 눈의 눈동자가 파열된 듯 줄이 그어져 있고 눈동자의 색이 달라 보인다. 아파 보인다.

"손, 가만히 좀 있어!"
한 시간의 상담에 그 어떤 말도 하지 않았던 시우는 엄마의 질책에 바로 반응했다. 웅크리고 있던 고슴도치가 굵고 딱딱해진 센털을 이마 뒤쪽부터 세우듯이 눈을 크게 뜨고,
"신경 꺼!"
나는 기록하던 노트를 치웠다.
"시우야, 혹시 오기 싫은데 억지로 왔니…?"
"아니에요. 누구보다 더 등급을 올리고 싶은 사람은 저예요. 엄마 가시면 따로 말씀드릴게요."
한 달을 머물기로 하고 들어온 시우는 등급을 올리기 위해, 공부방 근처 인문계로 전학을 왔다. 그리고 2년을 함께 살았다. 머리카락을 만진 것은 수술 후에 자라지 않은 머리 안쪽의 흉터가 보일까 습관적으로 가리는 행위였고, 눈

동자가 파열된 것처럼 보인 것은 얼굴의 흉터를 지우는 수술 후에 남은 흔적이었다.

　내가 살면서 알아낸 것이 '시우의 신체적 결핍이 친구들과의 관계를 어렵게 했고 그로 인해 말이 없는 아이로 컸구나…' 정도였으면 했다.

　시험을 앞두고 긴장감과 무게감을 없애주기 위해 '안방토크'를 했다.

　엄마 이야기가 나오자,

　"XX년."

　"시우야, 엄마한테 그렇게 말하면 안 되지…."

　그러자 고슴도치의 가시가 더 크게 발현되었다.

　"선생님도 똑같아요. 상담할 때랑 아이들하고 놀 때랑 윤리적인 수업할 때랑 개인적인 대화할 때 다 달라요. 가식…."

　'내가 뭘 들은 거지….' 심장박동이 빨라지기 시작하고 손이 떨려서 태연하게 들을 수 없었다.

　'변명을 해야 하나. 아니지, 내가 잘못한 게 뭐가 있지.'

　"시우야, 선생님은 에니어그램 7번 유형이야. 열정이 남달라서 의욕적이고 말이 앞설 때가 많지. 그래도 말한 건 지키고, 너에게 최선을 다하고 있는데…."

　내 변명 같지 않은 변명을 듣고 있지 않은 시우에게 전화가 걸려왔다. 시우의 엄마였다.

우연히 본 그 아이의 휴대폰. 당연히 '엄마'라고 저장되어 있을 줄 알았던 엄마의 저장이름은 'XX년'이었다. 통화하는 동안 내가 지켜보고 있는데도 욕으로 대화하고 욕으로 끝냈다. 고슴도치 가시가 전화기 너머의 엄마를 찌르고 있었다.

상담자라 하면, 내담자의 공감의 깊이까지 내려가 내담자를 이해하고 위로하며 같은 마음으로 아파하는 것이다. 어떤 답을 주기보다는 "그랬구나…, 그래서 아팠구나…"라는 호응만으로도 내담자는 상담자를 신뢰하게 된다.

시우를 위해 공감 연습을 입 밖으로 내는 훈련을 했습니다. 끄적끄적 쓰면서 다짐했습니다. 시우가 나를 보고 엄마의 모습을 느끼지 않게 하자.

상담학 공부를 하면서 수없이 들었던 내용이다. 아이들에게 먼저 살아봐서 얻은 경험의 지식을 '이래야 한다, 저래야 한다'라고 말하고 싶을 때마다 생각했다. 공감의 깊이를 헤아리기 위해서는 들어주는 것이 먼저라는 것을.

같이 살아가면서 시우는 이제는 다 말할 수 있다는 말과 함께 비밀을 털어놓기 시작했다. 신체적 결핍보다, 친구들과의 관계보다 더 힘들었던 것은 다른 사람들 앞에서 친절한 엄마가 자기랑 단둘이 있을 때 본색이 나오는 것이었다고, 많이 맞았다고 털어놓았다. 나를 믿는 것인지 시우가 털어놓은 가족의 비밀 이야기가 매일 산처럼 쌓여갔다.

그렇게 일일이 나열할 수 없는 매일의 고백 앞에 "시우야, 뭘 그런 거 가지고 그래. 자자, 훌훌 털어. 드라이브 가자."

"영화 볼래?" "영화 어땠어? 겁나 웃기지?"라고 거칠지만 챙겨주는 나의 원래의 성격을 더 이상 드러낼 수가 없었다.

다른 누구보다도 시우 앞에서는 깊이 생각하고 행동을 조심했다.

시우가 원하는 것이 [그랬구나] [그래서 아팠구나…]여서가 아니라 내가 그 아이의 휴대폰에 어떻게 저장될지 두려워서였다.

엄마가 왜 그토록 미운 거니?

어느 날, 영어 과외수업을 하고 있는데 그날따라 유독 눈에 띄게 졸고 있던 여학생을 보니 참을 수가 없었다.

"아인아, 수업 내용이 어렵거나 이해가 안 되면 질문이라도 해. 수업 분위기가 흐려지잖아!"

내 말에 반응을 보인 것은 아인이가 아니라 시우였다.

"그냥 놔두세요! 졸린 것 같은데."

"왜 네가 대신 얘기해. 시우는 가만 있어봐!"

아인이는 자기로 인해 수업 분위기가 안 좋아지자 난처해했다.

나머지 과외학생 멤버들은 아인이와 시우 그리고 나를 번갈아 보기 시작했다. 시우는 청각을 곤두세우는 얼굴을 하면서 얼굴빛이 달라지기 시작했다. 난처한 분위기를 만든 것이 아인이가 아니라 시우라고 생각한 것은 상담자의 모습이 아닌, 선생님이라는 권위자의 모습이 앞섰기 때문일까.

[그랬구나]로 이해하는 선생님의 모습으로 마무리하고 싶지 않았다. 권위자의 모습으로 팔짱을 낀 채 나무랐다.

"아인이는 졸고, 시우는 개입해서 선생님, 기분이 좀 별로네."

적절한 타이밍도 놓쳤지만 적절한 문장도 아니었다. 다른 아이들까지도 전전긍긍하는 분위기로 몰아갔으니 말이다.

수업을 마무리하고 시우를 안방으로 불러서 상담이 아닌 취조의 모습으로 시우에게 물어보았다.

"시우야, 아까 꼭 그래야 했어? 아이들이 지켜보는데 선생님에게 대들 듯이 아인이 편을 들어야 했어?"

"아, 선생님이 이런 말투 쓰실 때마다 엄마가 떠오르는 거 아세요?"

휴대폰에 욕으로 저장되었던 엄마, 나하고 이야기할 때마다 'XX년'이라고 불렀던 시우의 엄마, 그 엄마가 내 말 끝에 떠오른다고 했다.

오늘의 대화가 수업시간 때 태도를 나무라는 수준으로 끝날 것 같지 않았다. 선생님이라는 지위에서 상담자라는 지위로 빠르게 전환해야 했다. 게다가 더 이상 수업의 결과를 가지고 아이를 혼낼 수 없는, 얼굴이 붉어진 시우가 나를 바라보고 있었다.

"선생님, 엄마는요…."

그날 시우가 고백한 엄마에 대한 이야기는 그냥 듣기만 해도 숨이 막힐 막장 드라마에서나 볼 법한 이야기였다. 집단 구타를 당하고 들어온 날도 "어떻게 해서 맞았냐?"로, 신체적 결핍으로 친구를 사귈 수 없다는 항변에도 "남자가 찌질하게"로, 성적이 떨어져서 결과보다 과정을 봐달라고 울면서 토로해도 "공부하는 척만 한 거 아니냐"로 귀결되었다고 했다.

"시우가 힘들었겠구나…"라고 대답하고, 이렇게 무거운 주제를 털어놓는 순간에도 궁금해서 물었다.

"시우야, 그런데 오늘 상황 말이야. 수업시간에 아인이 대신 항변해준 상황, 그리고 내가 너를 혼내니까 엄마가 떠오른다고 했던 말, 어떤 의미야?"

"어른이 목소리가 커지거나 날카로워지면 엄마 목소리가 떠올라요. 그리고 아무 말도 못하는 아인이를 보니까 가슴에서 뜨거운 것이 올라왔어요."

"그랬구나…."

웅크리고 있던 가시가 욕으로 발현되는 것을 보아오지 않았는가. 그 가시에 내가 찔리는 것이 싫었다. 어쩔 수 없다. 이제 나를 항변하고 싶었다.

"네가 나의 모습을 통해 엄마가 떠오른다니까 조심해볼게. 그런데 사람이 갖고 있는 성향을 한 번에 바꿀 수는 없으니, 시우도 객관적으로 봐줬으면 해. 난 너의 엄마는 아니야."

내 말을 무시하듯 시우는 종이 한 장을 들고 들어왔다. 부부싸움 후에 쓰는 각서처럼 나에게 요구했다. 종이에 쓴 내용을 지켜달라는 것이었다.

[공부방에 엄마가 오지 않도록 해주기, 엄마 이야기는 꺼내지도 말기, 선생님이 엄마처럼 몰아붙이지 않기] 등이다.

그 종이를 보는데, 말을 이어갈 수가 없었다. 시우는 고슴도치처럼 날카로운 센털의 가시를 세우고 나의 답을 기다리고 있었다.

"시우야, 이 공간은 좀 특이해. 내가 가르치는 선생님이지만 아이의 아픔을 들어주고 바른 길로 인도하는 상담자의 역할도 하고 있잖아. 알지?"

"네."

학생들의 유형이 다양하듯, 학생들을 대하는 나의 자세도 인간이기 때문에 다양하게 반응합니다. 상담자와 과외선생님이라는 두 가지 위치 사이에서 힘들 때마다 일기로 풀어내곤 했습니다.

상담하는 선생님과 가르치는 선생님의 경계선이 자로 잰 듯 정확할 수 없다고, 나도 힘들다고 위로받고 싶었다.

"너도 인정해줄래? 끝없이 안내하며 '그랬구나, 힘들었겠구나'로 위로하는 상담자의 역할을 못하고 있다면 '선생님의 역할을 하고 싶으신 거구나'로 이해해줄래? 등수를 만들어내기 위한 선생님으로 봐줘."

"그래도 윤리적인 말은 상담자나 선생님이나 다 지켜야 하는 거잖아요. 오늘은, 약자를 혼내는 방법이 너무 무서웠어요. 게다가 아인이를 아끼신다면서요!"

등에서 식은땀이 났다. 한 공간에서 엄마 역할과 선생님 역할, 그리고 들어주기만 하는 상담자 역할을 다 잘해내라고 혼내고 있었다. 시우 앞에서 나는 실패자였다.

생일 선물을 챙겨주고, 기념일을 기억했다가 스윽 전달해주는 편지와 선물을 받은 제자들은 이렇게 말하곤 했다.

"선생님, 선생님은 '츤데레'예요! 수업은 무섭게 하시면서 성격은 화통하죠. 그리고 이벤트까지! 선물 챙겨주셔서 고맙습니다!"

이 말을 시우가 했어야 하는데, 그때 나는 시우가 두려웠다. 30여 년 과외를 하면서 상담을 하는 나의 이력이 무색해지고 실패한 인생을 사는 것처럼 시우 앞에서 작아지곤 했다. 내가 할 수 있는 것은 시우가 원하는 등급을 최선을 다해 만들어주는 것뿐이었다. 그리고 헤어지는 날, 듣고 싶었다.

"선생님, 선생님이 최고예요. 상담하는 선생님의 역할을 잘해주셨어요"라는 말을.

그래서였을까, 후각까지 예민한 시우의 결벽증에 맞춰 시우 그릇과 숟가락 젓가락은 삶아주었고, 못 먹는 반찬 옆으로 밀어놓고 좋아하는 반찬 따로 챙겨주며, 새벽 2시까지 영어 지문 150개를 소리 내서 같이 외워주었다. 결국, 부모가 원하는 내신 등급을 만들어냈고 시우의 가시에 찔리지 않기 위해 수업이 끝나면 혼자서 시간을 보낼 수 있도록 방에서 안 나와도 된다고 밀어냈다. 그 시간이 나에게 숨통이었으니.

☆ ██이의 외로움

학교에서

집으로 온다면

교복 벗고 쉴 텐데 …

도희나 ██이의 일상의 무게를

덜어주고자 함은 그들의 외로움을 보았기 때문이다.

며칠 태풍이 지나가서 시원했는데

다시 더워졌다

그래도 에어컨 없이

버틸수 있어 좋은 날.

2017. 8. 18

더운 여름, 학교에서 돌아오자마자 방으로 들어간 시우는 나오질 않습니다. 외로운데 말하지 않고, 엄마와 단절하듯 내가 꾸며준 방에서 교복을 입은 채 누워 있었습니다.

치유 - 게슈탈트 상담기법을 이용해보자

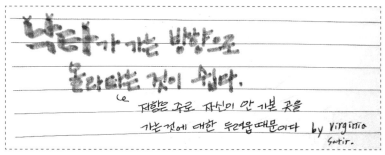

닥터가 가는 방향으로 돌아다니는 것이 쉽다.

저항은 주로 자신이 안 가본 곳을 가는것에 대한 두려움 때문이다 by Virginia Satir.

시우의 성격을 고치려 하거나, 섣부른 조언으로 위로하면 아이가 저항했습니다. 그저 아이가 가는 방향을 같이 바라봐주기로 마음먹은 날입니다.

기말고사를 끝내고 아이들에게 3일의 휴가를 주었다. 시우는 엄마가 보기 싫다고 공부방에 남아 있겠다고 했다. 이미 거친 언어를 수시로 쏟아내고 결벽증으로 이불과 옷을 수시로 세탁소에 맡기며 입맛에 맞지 않는 음식을 거부했던 아이라서 선생님으로서 가르치는 일과 상담자로서 상담해주는 일의 경계가 무너지고 있었다.

더 이상 지켜볼 수가 없었다. 예민한 성격을 맞추는 것이 점점 힘들어지고 있는데, 집에 가지 않겠다고 하니, 아이들이 없는 동안 시우에게 [치유]의 방법을 알려줘야겠다고 다짐했다.

"시우야, 선생님이 엄마 역할을 할게. 하고 싶었던 말을 다 해봐. 그리고 역할을 바꿔서 해보자. 네가 엄마가 되고, 내가 시우가 되어볼게."

나의 말이 끝나기 무섭게 시우는 마음속 응어리를 화산에서 거세게 폭발하는 용암처럼 퍼부었다. 마치 이런 날이 오기를 기다렸다는 듯이 왜 그래야 했냐고 소리치면서 울부짖었다. 고슴도치의 가시는 이미 하늘을 찌르고 있었다. 그 욕의 무게를 이기지 못하는 것은 오히려 나였다.

"시우야, 오늘은 여기까지."

빈 의자 기법

모레노(Moreno)가 창안하고 게슈탈트 이론가 펄스(Perls)가 발전시킨 사이코드라마(Psychodrama)의 한 기법으로서, 보조 의자 기법으로도 불린다. 이것은 내담자들이 빈 의자를 두고 마치 사람이 그곳에 앉아 있는 것처럼 가정한 다음, 의자들이 놓인 곳 사이에서 둘 이상의 역할을 하면서 내담자의 자기와 다른 중요한 인물들이 토의를 하는 듯 연출한다. 역할극의 형식으로 된 이 기법은 자기에 대한 탐색에 초점을 맞추고 내담자의 자기적응을 위해서 활용한다.

그리고 다음 날, 시우가 머물고 있는 방으로 빈 의자를 옮겨주었다. 여자 인형이 앉아 있는 의자를 침대 옆에 놓아주었다.

"시우야, [빈 의자 기법]이라고 있어. 자신 혹은 타인과의 관계를 '지금-여기'에서 다루기 위해 빈 의자를 사용하는 기법이야. 선생님이 욕을 들으면 가슴이 뛰니까 시우가 방에서 혼자 매일 해보는 거야. 화가 날 때마다 이 의자 위에 앉아 있는 사람이 엄마라고 생각하고, 하고 싶은 말을 해봐… 그리고 마음이 풀리면 사인을 줘. 방문을 열고 웃고 나오는… 사인. 그러면 잘해냈다고 생각할게. 힘들면 나오지 않아도 돼."

그날 이후로 시우는 방에서 그 의자와 대화했다. 작은 목소리였지만 나는 알 수 있었다. 시우가 답답한 마음을 역할극으로 풀어내는 중이라는 것을. 하지만 모르는 사람이 들으면 혼자 저렇게 무슨 말을 하는지 궁금할 정도로 너무 자주 중얼거려서 방에 시우 말고 또 누가 있는지 물어보기도 했다.

나는 기도했다. 고슴도치의 발현이 끝나고 스스로 덧난 상처에 약을 발라줄 수 있는 치유자가 되기를.

시간이 흐르면 보이는 것이 있다. 시우와 헤어진 지 1년이 되어간다. 안방 토크를 하면서 들었던 그 아이의 아픔 뒤로 나는 늘 말했다.

"시우야, 선생님이 기도할게. 사랑해!"

'사랑해'라는 단어가 그 아이에게 다가갔을까, 아니 진짜였을까.

시우는 상담자로서 지도하는 언어와 내 성격의 유형이 부딪히는 유일한 아이였다.

세상에는 그 누군가의 단 한 사람으로 아픔을 들어주고 위로해주는 선한 상담자들이 참 많다. 그리고 참 선생님들도 많다.

가끔은 "야 털어내! 그까짓 것, 그게 뭐 대수냐. 야, 나 봐, 너보다 더하면 더 했지! 그래도 잘 살잖아!"라며 시우의 가시를 두려워하지 않고 내 성격 그대로 츤데레처럼 표현하고 살았으면 시우에게 나는 메신저와 메시지가 일치하지 않았을까 생각하기도 했다. 시우가 나를 인정하는 속도가 느려도 인내하고 같은 성격으로 일관성 있게 보여주었으면 시우 앞에서 실패자라고 느꼈던 감정을 걷어낼 수 있지 않았을까.

시간이 흐르고 지금의 나를 본다.

'욱'하는 성질도, 불의를 참지 못해 맨 앞에서 소리치는 의욕도 세월의 깊이로 잠재워지고, 성적이 나오지 않는 아이 앞에서도, 끝없이 힘들게 하는 사고 치는 학생 앞에서도 이제 나는 "그랬구나…"로 기다릴 수 있게 되었다.

요즘, 제자들은 말한다.

"선생님, 이상해요. 그냥 츤데레 하시지. 으으, 오글거려."

"싫은데! 이래 봬도 나 심리상담가야!"

이제는, 시우를 보면 용감하게 말할 수 있을 것 같다. 진심을 다해 이렇게 말할 것이다.

"그동안 힘들었지. 넌 아주 사랑스러운 아이야. 앞으로 네 인생은 사랑으로 가득할 거야!"

카카오톡 친구 명부를 보면, 제가 가르치는 '과외○○'라고 묶어 놓은 그룹 명이 꽤 많습니다. 짧게 배우고 길게 배우고 상관없이 제가 사랑했던 제자라서 같은 목록에 예쁘게 묶어 두었습니다.

하지만, 시우의 이름은 없습니다. 수능이 끝나고 휴대폰을 개설하면 전화 하겠다고 했지만 아직 연락이 없습니다. 가장 아프게 했고 가장 힘들게 했다고 기록했던 아이라서 가끔은 이대로 연락이 안 와도 된다고 스스로 위로도 했습니다. 그런데 거짓말입니다. 아주 많이 보고 싶습니다.

보아야 진짜 포옹을 할 수 있을 것 같은데, 제가 먼저 연락하지 못하고 있습니다. '세상에 하나뿐인 최고 선생님'이라는 닉네임을 가지신 분이 이렇게 말했습니다. '하늘에서 얼음이 떨어져도 세상이 차가워져도 뜨거운 가슴으로 너를 안아줄게.' 저도 이렇게 말해주고 싶습니다. 그런데 시우에게 전화하지 못하고 있습니다.

6개월의 기적

,

문장이 주는 느낌이 다른 아이

"이모, 공부방에서 수업 들을 수 있게 해주셔서 고맙습니다."

나에게는 이모라고 부를 조카가 없다. 20대, 흉터를 잊고 예수님만 바라보고자 애썼던 그 힘겨운 삶의 여정에, 교회 청년부에서 기쁨과 슬픔을 함께 나누었던 교회 언니의 딸이 하은이다.

그 교회 언니가 목사의 아내가 되고 사모라는 호칭으로 20여 명의 교인이 있는 작은 '개척교회'를 섬기고 있다. 나이 열여덟, 이웃을 사랑하라는 계명을 짊어진 십자가의 딸이 하은이다.

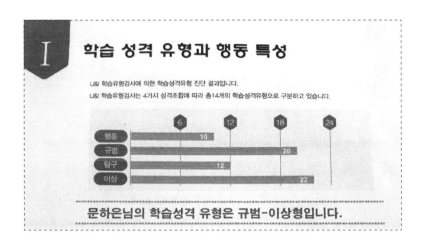

학습 성격 유형과 행동 특성

U&I 학습유형검사에 의한 학습성격유형 진단 결과입니다.
U&I 학습유형검사는 4가지 성격조합에 따라 총14개의 학습성격유형으로 구분하고 있습니다.

	6	12	18	24
행동	10			
규범			20	
탐구		12		
이상			22	

문하은님의 학습성격 유형은 규범-이상형입니다.

"선생님, 커피 타드릴까요?"

"선생님, 가방 제가 들어드릴게요."

"선생님, 아이들 자습 시간인데 피곤하시면 들어가서 쉬세요. 제가 감독하고 있을게요."

이모라고 부르는 호칭을 선생님이라고 바꾸어 불러야 해서 심부름을 해주는 것이 아니다. 이모라고 부르는 선생님이 자신을 위해 그 어떤 대가를 받지도 않고 가르쳐주어서 또래보다 깍듯한 것이 아니다. 하은이는 참는 것과 예의 바름이 몸에 밴 십자가의 딸이기 때문이다.

그리고 문자로 표현하는 문장에 늘 하트와 느낌표를 붙이고 이모티콘으로, 문장이 주는 오해의 소지를 없애주는 아이가 하은이였다.

[괜찮아요. 음.. 주시면 감사히 받겠습니다!]

[이모~ 오늘도 가르치시느라 수고하셨습니다!!♥♥♥♥♥]

[오늘.. 힘들어 보이세요. 약 사다가 드릴까요]

배려와 양보가 있음에도 또래처럼 예쁜 샤프를 너무도 좋아했던 하은이는 한정 아이템 샤프를 사주면 감출 수 없는 표정으로, 괜찮다고 한 번은 거절을 하고, 얼굴에 퍼지는 미소로 이미 내가 사준 샤프에 벅차게 감동하고 있었다.

그런 마음을 표현하기 위해, 문자마다 하트를 꼭 붙여서 느낌표와 함께 힘을 주었던 하은이는, 바쁜 일정으로 문자에 답을 하지 않으면 이모인 선생님의 마음을 헤아리느라 바빴다.

그렇게 공부가 아닌 사람의 마음을 헤아리느라 부모님이 권하는 과외도 학원도 거절했던 아이, 그 아이가 나와 수능을 준비하고 함께 살았다.

"옷이 어제랑 같은 것 같아요."

"응, 파란색 좋아해서!"

아무렇지 않게 당당하게 이야기하고도 홍조가 가득한 얼굴로 앉아서 나의 마음을 쓰게 했던 하은이는 아무렇지 않게 물었던 그 후배에게 열심히 공부하라는 예쁜 문자를 남겨주는 규범적인 학생이었다.

규범과 이상이 높게 나온 심리테스트의 결과지를 분석해주는 날, 나는 알았다. 행동력이 낮은 것이 소심한 것이 아니라 부모님을 통해 성도를 먼저 배려

해야 하고 양보해야 하는 것을 보고 자랐기 때문이라는 것을. 욕심이 많고 꿈도 많은 이상향이 높은 아이가 먹고 싶은 음식 앞에서 기다려야 했고 갖고 싶은 것을 양보해야 했던 것을.

그것이 당연한 것인 줄 알고 살다가 과외라는 것을, 그것도 다른 지역군에서, 국제도시라고 명명하는 화려한 도시에서 과외를 받다보니 선택의 폭이 자유롭고 쉽게 결정하는 아이들 틈에서 가끔은 얼굴의 홍조가 다 올라올 정도로 어색해하곤 했다.

부러워했는지 힘들어했는지는 말을 안 해서 모른다. 하지만 같이 공부하는 모든 학생들에게 예쁜 문자를 보내주고, 볼 때마다 선한 얼굴로 인사를 하며 모르는 것을 알 때까지 천천히 인내하며 알려주는 학생이 하은이였다.

하은이를 생각하면 나의 유년기 시절, 만화 〈들장미 소녀 캔디〉를 보면서 위로와 힘을 얻었던 그때가 떠오른다. 힘들 때마다 힘들지 않다고 밝은 얼굴로 노래를 흥얼거리고 있는 하은이의 얼굴을 보면서 '외로워도 슬퍼도 나는 안 울어' 그때 그 캔디의 노래가 떠올라 가끔은 먹먹해지곤 했다. 그렇게 노래로 자기의 마음을 표현했던 하은이는 가사가 좋은 노래들을 분석해주는 것을 좋아했다.

드라이브하는 날, 하은이는 이런저런 노래를 선곡해주다가 커피소년의 '행복의 주문'을 틀어주었다. '행복해져라, 행복해져라.' 단순 반복되는 가사의 나열이 서로에게 위로가 되는 날, 하은이가 틀어주었던 커피소년의 '내가 네 편이 되어줄게' 제목처럼 나는 속으로 다짐했다.

'하은아, 이모가 너의 편이 되어줄게…'

안단테에서 알레그로가 되기까지

"영어는 고1과 고2, 같이 수업한다. 어차피 수능을 위한 수업이니까 학년 상관없이 함께 수업을 들을 수 있어. 자, 120페이지 펴봐!"

제법 규모가 큰 국제도시에서 공부방을 운영하는 나는, 이미 영어를 잘하고 있는 학생들과 수능영어 수업을 해왔었다. 하지만 하은이는 영어학원 경험이 전무하다. 그런 아이들 틈에서 수업의 속도를 따라가지 못하고, 필기만 예쁘게 하고 있었다.

내 나름대로 배려를 한다고 하은이를 뺀 나머지 학생들에게 문장의 의미와 단어를 테스트하던 어느 날, 수업 중간에 눈물이 터져버린 하은이는 화장실로 뛰어갔다. 10분 후에 말끔한 얼굴로 나와서 "죄송해요. 수업 분위기를 흐려서…"

난 알고 있다. 심리테스트 결과가 보여준 하은이의 심리적 기준을 보자면 하은이는 배려와 인내심이 가득한 아이라는 것을. 수업 속도를 따라갈 수 없어서 속상하고, 질문하지 못해서 답답해하는 것을.

그러나 무엇보다 하은이는 속도가 느려서 그룹수업에서 존재감을 드러낼수는 없지만, 엄마의 교회 동생인 이모가 해주는 지금의 수업의 가치가 얼마나

귀한지를 알고 있을 것이다.

안방토크를 해야겠다.

"하은아, 영어 수업 따라가기 힘들지?"

울고 있다.

"현재 하은이가 영어 등급이 몇 등급이지?"

"모의고사는 6등급이고, 내신은 7등급이요."

망설이지 않고 대답해주는 솔직함에 안방토크 상담의 룰을 지켜가며 상담자의 모습으로 대화할 이유가 없었다.

"하은이가 학원이나 과외 경험이 없어서 그런 거지? 하은이는 국어나 사회탐구 과목은 너무 잘하니까. 그치?"

"네, 영어와 수학이 제일 힘들어요…."

"이모가 수업 시간을 다시 편성해볼게. 일주일에 한 번 수능수업은 그룹으로 하고 나머지 요일은 일대일로 해보자. 그리고 수학은 이모가 과외비를 대줄게. 수학도 과외 받아보자!"

안단테(Andante)

음악 빠르기 말로 '느리다'는 뜻.

"하은아, 이렇게 독해 속도가 느리면 영어 모의고사 45문제 중에 듣기를 제외한 28개의 독해 지문을 시간 내에 못 풀어. 이렇게 해봐. 문장에서 수식하는 구를 찾아서 다 지워봐. 그러면 주어랑 동사가 보일 거야. 문장 분석을 해보자."

"By the laws of nature the stream will run downhill, and the strongest man cannot stop it. 이 문장에서 버려도 되는 수식어 구를 찾아보자."

"전치사가 있는 구부터 찾으면 되죠?"

"그렇지!"

"By the laws of nature을 지우고 나면 the stream이 주어죠? 그러면 will run이 동사이고, 음…, 이모! 아니, 선생님! 버리니까 주어랑 동사가 잘 보여요!"

"그렇지! 이렇게 매일 해보자. 훈련이 되면 속도감이 붙을 거야. 그리고 너는 늦게 시작했으니까 단어를 다른 학생들보다 두 배로 외워줄래?"

"네, 해볼게요!"

한 달이 지나자 영어 지문을 분석하는 속도와 문제를 풀어내는 속도가 빨라지기 시작했다. 속도가 빨라졌다는 것은 자신감이 붙었다는 것이다.

"선생님, 저 이제 그룹수업으로 들어갈게요!"

자신감도 생겼고, 그룹수업에서 발표도 잘하고 이제 울지도 않지만, 그래도 등급을 올리기에는 턱없이 부족했다. 하은이를 위해 어떤 수업을 해줄까 고민하던 중에 하은이의 특이한 버릇을 발견하게 되었다. 사회탐구를 암기하는 내내 앞에 누군가 앉혀 놓은 모양으로, 어찌 보면 우스운 모양으로 중얼중얼 암기하고 있었다. 물어보니, 스스로 선생님이 되어서 앞자리에 투명인간 학생이 앉아 있다고 생각하고, 그 투명인간에게 설명하면서 외운다는 것이다. 하은이는 그것을 '허공 칠판'이라고 했다. 나중에는 앞자리에 누구라도 앉아 있으면 피해를 주지 않기 위해 고개를 들지 않은 채 스스로에게 자기 이름을 불러가며 '하은아, 이건 이런 뜻이야. 절대로 잊지 마'라고 작게 소리 내서 외우고 있었다.

'그래, 바로 저거야!'

그때부터 자습할 때마다 틀렸던 영어 지문은, 답안지를 펴놓고 지문의 해석과 오답 이유를 스스로에게 가르치듯 외우게 했다. 다른 학생들은 말했다. "누나, 미친 사람 같아요!" 가끔은 "누나, 죄송한데요. 좀 시끄러운데…."

그러나 누누이 강조해도 지나치지 않는 것, 바로 '메신저와 메시지가 일치하면 알아서 미러링을 한다'. 그리고 열심히 공부하고 일관성 있게 착했던 하은이의 태도로 인해 그 공부방법은 모든 학생이 따라하는 일명 '크레이지(Crazy) 공부'라는 방법으로, 약간은 미친 사람 같지만 손으로 쓰고 입으로 중얼대는 '백색소음을 내면서 암기하는 공부방법'으로 정착되었다. 이제 모든 학생이 중얼대면서 외우고 있었다.

6개월이 지나자 모의고사 등급에 변화가 보이기 시작했다. 고3 9월 모의고사에서 3등급을 받아왔다. 성격이 비슷한 하은이와 나는 격하게 기뻐했고 벅차게 감동했다.

알레그로(Allegro)

음악 빠르기 말로 '빠르다'는 뜻.

고등학교 3학년이 되면 감정의 기복도 있고 힘들다는 표현을 할 법도 한데, 하은이는 묵묵히 잘해냈다. 그리고 그해 11월, 수능을 마치고 온 하은이는 '이모 선생님'에게 큰 선물을 안겨주었다.

6등급의 안단테가 1등급의 알레그로라는 빠른 성장으로, 수능 통지표에 영어 1등급을 찍어왔다.

유사가족도 가족이다

자신이 진심으로 원하는 것들을 하며 사는 것이 바로 인생의 마지막 장면에서 후회를 남기지 않는 유일한 방법이다. 지금 당장 내 안에 숨겨 놓은 진짜 원하는 일을 시작하자. 오늘 당장 마지막 날이 오더라도 후회하지 않을 만큼 최선을 다하자. 그 모습이야말로 진정한 나의 모습임을 명심하자.
- 구한나, 김수안, 김대식 외, 《가장 위대한 메신저》

하은이는 '법과 정치'라는 과목을 좋아했다. 판사가 꿈이라고 했다. 6개월의 기적으로 국립대학에 들어갔지만, 독일어를 전공했던 하은이는 목말라 했다.

"이모, 저 반수하고 싶어요."

"그니까, 대학교를 휴학하고 다시 수능을 준비한다는 거지?"

"네, 후회하는 것보다 원하는 꿈을 위해 지금 하는 게 맞는 것 같아요. 해볼게요."

하은이가 어떤 아이인지 알기 때문에 걱정하지 않았다.

"이모는 찬성. 네가 하고자 하는 일이 있다면 법을 어기는 일을 제외하고 다 해도 돼! 공부방에서 연애하면서 공부하는 것도 허락했잖아!"

하고 싶은 말이 더 있다는 듯 망설이면서 운을 뗐다.

"그런데, 이모…, 제가 유혹이 많아서요. 인터넷도 한번 보기 시작하면 빠져나오기 힘들고 TV도 보고 싶고…"

"아웅! 배려쟁이. 이모랑 같이 살고 싶다는 거잖아! 짐 싸서 와! 이모가 독하게 감독해줄게!"

제71회 칸영화제의 황금종려상은 고레에다 히로카즈 감독의 〈만비키 가족〉이 수상했다. 세상을 따뜻한 시선으로 보는 일본 영화감독의 영화로, 우리나라에서는 〈어느 가족〉이라는 제목으로 상영됐다.

유사가족

가족과 비슷한 인간관계를 형성하고 있는 집단.

이 영화를 통해 '유사가족'이라는 단어를 처음 접했다. 혈연관계가 아니어도 다양한 사람들이 모여서 정을 나누고 '가족'이라는 이름으로 살아갈 수 있겠구나. 내가 아이들을 품고 함께했던 공동체의 정의가 희미해질 때마다 '유사가족'이라는 단어를 기억하며 아이들을 다시 품어주는 나만의 가치관을 다시 정립했었다.

과거를 추억해보면 33년 과외, 그중에 6년의 숙식을 통한 과외를 하면서 많은 학생들과 만나고 헤어졌다. 든 자리는 몰라도 난 자리는 안다고 하지 않던가. 들어오는 학생을 품기는 쉬워도 나가는 학생의 손을 놓기는 참 어려웠다.

그렇게 아이들을 품고 가르치는 과정을 고등학교 정규과정까지만 할 수 있을 거라고 생각했다. 다시 '반수'를 준비하는 하은이와 함께하기로 결정한 날, 유사가족의 가치관을 다시 생각하게 되었고, 나의 손길이 필요하다면 수업을 해주지 않아도 행복하겠다 싶었다.

그런데, 시간이 흐르니 하은이가 변하고 있었다.

메신저가 메시지와 일치하고, 진짜 원하는 삶을 살기 위해 최선을 다해 노력하는 것, 다 좋다. 졸면 선생님이 커피 사주고, 배고프면 간식을 사주며 나의 엄마인 할머니가 10첩 반상으로 끼니마다 밥을 주니 초심을 잃고 나와 대화하고, 배부르면 졸고 있었다.

"이모, 죄송한데요. 이모랑 할머니가 저를 위해서 너무 애써주시니까 더 집중이 안 돼요… 독서실에서 혼자 해볼게요."

독한 환경을 찾아 나서는 이른 아침, 나에게는 감동의 편지와 좋아하는 마카롱을 주고, 할머니에게는 "할머니, 팔 아프니까 일 그만해요! 참, 오늘은 관리실에서 나무에 약을 친대요. 창문 닫고 나가니까 이따가 다시 열어요!" 오전에 들었던 관리실 방송을 챙겨 전하며 당부하고 갔다.

사랑하는 황스승님께

사랑하는 스승님, 안녕하십니까.
저는 스승님의 사랑스런 제자 하은이옵니다.
'길다면 길고 짧다면 짧은'이 아닌,
짧게만 느껴지는 시간들을 뒤로하고
저는 이제 다시 한번 산을 올라가고자 합니다.
저를 위해 숙식의 자리까지 내어주시고 물심양면으로 항상 신경 써 주시며
사랑으로 품어주셔서 제가 우물에서 나와 산 입구까지 올 수 있었습니다.
스승님의 이끄심이 없었더라면 저는 아마 우물 속에서 뛰지도 않은 채
헤엄하고 넉넉하다 여기며 살았을 것입니다.
스승님의 이끄심이 있었기에, 산 입구까지 이끌고 와 주셨기에,
이제는 산을 올라 정상을 오를 생각까지 하고 발을 내딛게 되었습니다.
지금 우리는 비록 24시간 내내 함께하진 못하지만,
더 큰 날들을 위하여 잠깐의 이별을 하지만,
서로를 응원하며 영원한 하늘나라 앞까지 함께하기를 바랍니다.
사실 스승님과 24시간 함께 있다 떨어진다 생각하니 벌써 마음이 아릿하지만
받은 커다란 사랑, 제 스스로의 커다란 책임감으로 감쌌습니다.
항상 감사드리며
이 편지를 끝맺습니다.

스승님의 소중한 문하생, 문하은 올림

〈추신〉
문학도의 제자답게, 파워블로거의 제자답게,
컴퓨터로 문학적 마음을 담아 남깁니다.
(공부시간 많이 빼앗지 않고 순식간에 샤라락 썼으니 걱정 마십시오.)

나의 책이 만들어지는 동안 하은이는 검수자 역할을 했습니다. 읽어주고 울어주고 오타를 수정해주었습니다. 그리고 마지막 날, 자신의 글솜씨가 성장한 배경에 선생님이 있었다고 칭찬해주었습니다. 외부 일정이 있었던 날, 돌아와 보니 나의 컴퓨터 화면에 이렇게 워드로 쓴 편지가 있었습니다.

눈물 많은 하은이가 겨우 참고 나가는 그 순간, 엄마가 물었다.

"왜 가냐? 내가 일 시켜서 가냐? 다시 공부하러 왔는데, 나 때문에 가냐? 네가 가면 선생님 외로워서 어떡하나?"

마음이 색다르고 행동이 색달라서 선한 눈치를 보는 하은이는 마음으로 답했을 것이다.

'할머니, 이모! 저 열심히 할게요!'

나도 마음으로 답했다. '하은아, 수능 결과가 안 좋아도, 사람들이 뭐라고 해도 내가 안다. 너는 너무도 잘 살 거라는 것을. 나는 늘, 네가 옳다…'

목사의 딸이라는 것이

서울의 강남과 견줄 만한 내가 사는 이곳은, 녹지가 풍부하고 볼거리가 많은 곳이다. 반수를 하기 위해 나와 함께 지내는 하은이는 빌딩 숲을 헤치며 드라이브를 할 때, 내가 사는 이곳의 전경을 부러워한 적이 없었다. 오히려 다른 지역에서 살고 있던 하은이의 처지를 알고 있는 사람들이 그렇게 몰아갈 뿐. 너와 내가 사는 곳이 다르다고.

"이모, 저는 목사의 딸로 태어난 것이 힘들다고 생각한 적이 한 번도 없어요. 그런데 사람들은, 교인이 적은 교회, '개척교회'의 딸이라고 해서, 제가 목사의 딸이라고 해서 다르게 대우해요. 사람들의 그런 모습이 저를 힘들게 해요."

국어를 잘하는 학생, 이미 공부방에서 멘토 선생님을 했던 학생, 사람의 마음을 헤아리는 학생, 이 모든 것이 하은이와 나와의 대화의 깊이를 심오하게 했었다.

오늘은 우리가 나누었던 대화의 결론 같은 주제였다. 물어보고 싶었으나 물어보지 못했던 그 주제가 빌딩 숲 한가운데에 차를 주차하게 했고, 곧 눈물이 떨어질 것 같은 하은이는 가슴 저 밑 이야기를 꺼내기 시작했다.

[심플래너]
- 성공을 혼자 누리지 않고 서로가 나눕니다
- 그 성공의 주축에 '황제 = 황샘 제자'가 있어 감사합니다.
- 각자의 자리에서 '빛'을 내고 '소금'의 역할까지 합니다.

하은이는 도전하는 유형입니다. 부드러워지는 것은 안전치 않은 것이라는 생각에 스스로 '약하게' 되는 것을 거부하고, 따뜻함이나 부드러운 보살핌이 필요하다면 누군가가 그것을 제공해야 한다고 여깁니다. 두뇌 회전이 빠르고 실질적이며 다른 사람들을 자신의 비전에 동참할 수 있도록 끌어들이는 능력이 있습니다. 그런 하은이는 빛과 소금입니다.

목사의 딸답다는 말로 아이를 개념화하기는 싫지만, 하은이의 이야기는 성경적이었다. 사람들 사이에서 '빛과 소금이 돼라'는 계명은 자신을 드러내는 '빛'에만 초점이 맞추어져 있다고, 자기는 생활 속에서 배어난 '소금'의 역할을 감당하기 위해 사람들 속에서 맛을 내는 '소금'일 뿐이라고.

"그랬지, 넌 몸에 배어 있는 예의가 있어. 그리고 필요한 곳에 제대로 맛을 내는 소금의 역할을 해왔어."

"그런데 제가 하는 행동이 목사의 딸이어서, 무언가 바라는 것이 있어서라고 왜곡되는 것이 힘들어요. 작은 교회라고 해서 꿈이 작고 사람의 지위가 낮은 것이 아닌데, 나를 제대로 보고 표현해주는 사람이 너무 없어요…"

마음이 아팠다. 목사의 딸이어서 거룩해야 하고 목사의 딸이어서 해서는 안 되는 것이 많은 상황이. 그리고 행복했다. 목사의 딸이어서 사람을 섬길 줄 알고, 목사의 딸이어서 소망이 크다는 것이.

"하은아, 나중에 판사가 되면 어떻게 살고 있을까?"

"전, 판사가 되어서 돈 벌면, 힘들어하는 아이들을 가슴으로 품고 싶어요. 가진 것을 나누면서 살고 싶어요. 책도 쓰고 싶어요!"

"뭐야, 선생님 이야기하는 거 아냐?" 닮아 있는 선생님과 제자가 얼굴을 마주 보고 웃었다.

지체장애를 가진 나는 가르치는 일터, 책상에서 오래 앉아 있게 된다. 공부를 하기 위해 들어오는 아이들의 발걸음 소리만 들어도 누군지 맞출 수 있는 것은, 뛰어 나가서 누군지 알아내는 다리의 한쪽 기능을, 예민하게 들어야 알아내는 청각이라는 다른 쪽 기능이 대신하기 때문이다.

"도희구나! 민재구나!" 다 맞힐 수 있었다.

하지만 하은이는 입구부터 섬세했다. 조용히 들어와서 조용히 앉았다. 그리고 무엇을 해줄까 고민했다. 그 선한 아이의 발걸음은 평생 맞힐 수 없을 것 같다.

아이의 미래가 밝다는 것, 판사가 아니어도 아이들을 품고 나누고 있을 것이라는 것, 그것만 맞힐 수 있을 것 같다.

하은이와 나눈 문자 내용이다.

"하은아. 네가 보낸 편지, 카카오톡 프로필에 올렸어. 감동이야! 힘들어도 쓰러지지 말고 잘해내!"

"이모가 블로그에도 내 이야기 쓰고, 책에도 쓰니까 이모 덕분에 긍정적인 부담감과 책임감이 늘었구만유♥♥♥"

기대하지 않은 사투리 넉살이다. 끝없이 애교가 늘어가는, 이건 몰랐다.

—

엄마는 모르는 이야기의 내용들이 극단적인 사례도 있고, 정말 엄마만 모르는 이야기들을 풀어낸 챕터이지만, 하은이와의 삶은 소소한 행복의 연속이었습니다.

하은이 이야기를 쓰면서 결국은 성공한 아이들이라는 챕터를 만들까 고민도 했습니다. 그런데 하은이의 사례가 '엄마만 모르는 이야기'에 들어가야 할 이유가 생겼습니다. 남자친구를 사귀면서 공부해서일까요? 그렇지 않습니다. 목사의 딸이라는 고충을 털어놓은 부분 때문일까요? 그렇지 않습니다.

식탁에 앉아서 해산물을 먹을 때도, 제법 큰 북카페에서 커피를 마실 때도, 드라이브 끝에 바다 전망대 앞에서도 하은이는 말했습니다.

"이건 엄마가 좋아하는 음식인데 꼭 사드려야지, 엄마도 이런 큰 카페에서 책 읽고 싶다고 했는데, 엄마도 바다 좋아하는데…"

사람을 사랑하는 하은이가 그 누구보다도 엄마를 너무 사랑한다는 것, 모든 대화의 귀결이 엄마라는 것, 이건 아직 엄마가 모르기 때문입니다.

부럽습니다. 하은이의 엄마가.

※ 하은이 이야기는 4장 '내 나이가 어때서?'에 다시 등장합니다.

롤을 버리고 룰을 택한 아이

,

롤(LOL)

리그 오브 레전드(League Of Legend). 세계 최고의 MOBA(Multiplayer Online Battle Arena) 게임. 끝없이 이어지는 실시간 전투와 협동을 통한 팀플레이, RTS(Real-time strategy, 실시간전략게임)와 RPG(Role Playing Game, 유저가 게임 속 캐릭터들을 연기하며 즐기는 역할 수행게임)를 하나의 게임에서 동시에 즐길 수 있는 새로운 장르의 온라인 게임.

"선생님 오늘, 아파서 공부방 못 가겠어요…."

오버워치(Overwatch)

블리자드 엔터테인먼트가 개발하고 배급하는 다중 사용자 1인칭 슈팅 게임.

2016년 5월 24일 마이크로소프트 윈도우, 플레이스테이션 4, 엑스박스 원으로 출시.

"선생님, 정말 죄송한데요. 오늘만 하루 쉴게요."

배틀그라운드(Battlegrounds)

블루홀에서 발행한 서바이벌 슈터 게임. 본인을 포함해 한 번에 최대 100명의 플레이어와 전투를 벌이는 배틀 로얄 형식의 슈팅 비디오 게임.

"선생님 진짜, 진짜 하루만 쉴게요."

제주도 애월읍, 차를 렌트하고 달리는 지중해 빛깔 바다를 낀 해안도로에서, 여행 한 번 못 갔던, 나의 심장은 정상적인 박동이 아니었다. 가는 곳곳마다 풍경이 너무 아름다워서 학부모와 여행을 간 것이라고는 믿기지 않을 만큼 소리를 질렀다. 그 자리에 초등학교 4학년 민재가 있었다.

민재는 누나의 과외로 엄마와 선생님이 친구가 된, 그래서 여행을 가고 영화를 보며 맛집을 투어하는 그 자리에 늘 함께했다. 그리고 중학교 1학년이 된 그해, 공부방으로 과외 수업을 받으러 왔다. 심부름을 하면 주게 되는 용돈은 받지 않고, 공부를 더 해주면 '감사합니다'라고 고백했던, 중학교 1학년보다 더 큰 마음을 가진 아이가 민재였다.

"민재야, 성적표 나왔지? 몇 등 했어?"

"반에서 2등 했어요!"

"이야 잘했어!"

그랬다. 나에게는 남학생, 엄마에게는 아들인 민재는 공부도 잘하고 예의도 바르며 대화만 해도 마음을 읽어내는 딸 같은 아이였다.

"원장 선생님, 제가 요즘 힘들어요…"

민재가 아닌 민재 어머니의 고민이 쌓이고 내가 그 고민의 중심에 들어가자 민재 가족은 이제 남이 아니었다. 나를 민재의 선생님이 아니라, 다 털어놓을 수 있는 상담자로, 가끔은 와인 한 병 들고 와서 넋두리를 내려놓고 가는 언니로 대우했다. 그렇게 아픈 이야기를 나누는 자리마다 민재는 함께했고, 긴 이야기로 민재의 존재를 잊어가도 집에 가자는 말 먼저 하지 못하고 옆에서 졸고 있던 착한 아이였다.

"선생님! 2학기는 시험을 안 본대요! 그럼 공부방 쉬어도 돼요?"

2017년, 자유학기제가 도입되었던 그해, 중학교 1학년 학생들은 학교에서 시험을 치르지 않는다는 통보를 받고 여러 가지 모양으로 공부방을 빼지기 시작했다. 몇몇 학생은 선행을 요구해서 더 많은 시간을 공부방 과외수업으로 받기도 했지만, 민재는 과외비가 더 비싼, 선행이라는 개념의 수업을 받을 수 없었다.

시험을 보지도 않고, 바쁜 스케줄이 없다 보니 맞벌이하는 부모님 눈을 속여가며 공부방을 오지 않는 날이 많아지기 시작했다. 한창 놀고 싶은 나이에 자유학기제로 학교수업이나 공부방 과외수업에 긴장감이 사라지니, 그럴 수 있겠다 싶어 용인하는 횟수가 많아졌다.

"선생님, 오늘만 쉴게요."

"그래, 민재야, 하루 쉬게 해줄게. 부모님께는 뭐라고 이야기할까?"

"부탁인데요. 공부하고 갔다고 해주시면 안 돼요?"

민재 어머니는 이미 나와 친구로 지내고, 민재는 성적의 상한선을 찍어봤으니 게임으로 스트레스를 푼다는 아이의 부탁을 들어주고 싶었다.

"그런데 민재야, 선생님도 게임해봐서 아는데 네가 하고 있는 게임들은 중독성이 강해. 적당히 해야 해!"

"네! 감사합니다. 내일은 빠지지 않을게요!"

내가 가르치고 있는 지역군과 다른 곳에서, 1시간 걸려 버스를 타고 왔던 민재에게는 방과 후에 PC방에 들렀다가 공부방으로 오는 그 길이 고역이라고 했다. 버스에서 졸다가 내려야 할 곳을 지나쳐 지각하는 횟수도 많아졌고, 늦은 시간에 공부방으로 와서 아직 저녁을 먹지 않았다고 고백하는 친구와의 대화를 통해 수업 내내 신경이 쓰이는 아픈 손가락이었다.

시간이 흘러 자유학기제가 끝나고 중학교 2학년이 되면서 본격적으로 내신 수업을 듣게 했고 등수 만들기에 돌입했지만 민재의 눈 밑은 검게 탄 다크서클이 내려앉아 있었고, 수업 내내 졸기 일쑤였다.

그리고 다시, 중학교 2학년 학원수업 시작 10분 전이 되면 전화가 왔다.

"선생님, 오늘만 빠질게요."

"선생님, 진짜 오늘만 빠질게요."

"선생님…."

"민재, 이제 그만! 당장 와!"

마음의 감기를 앓고 있는 아이

민재는 대학교를 다니는 누나, 주말에 올 수 있는 아빠, 여전사처럼 일을 해내고 있는 엄마, 격일제 근무를 하고 있는 할머니, 그리고 이모와 살고 있다.

엄마와 대화를 나누며 익히 민재 가정의 이야기를 알고 있는 나는, 민재에게만 모질지 못했다. 아니 어쩌면, 엄마가 전해주는 아픈 이야기가 오히려 성장기 민재에게서는 바르고 씩씩한 모습으로 보였기 때문에 대견하고 예쁘기까지 했다. 그러나 아이의 웃음 뒤에 흘리는 한숨이 많아지고, 공부방을 빠지는 횟수가 잦아지고 성적이 수직으로 떨어지고 있었다.

안방토크를 해야겠다.

"민재, 네가 지금 하는 게임 종류가 뭐야?"

"롤이랑, 오버워치랑, 배틀그라운드요…."

"아이고 이놈아, 유명한 게임은 다 하네! 그럴 시간은 있는 거야? 어디서 해?"

"방과 후에 PC방에서 하고 집에 가서 다시 컴퓨터로 해요."

게임중독이라는 이유로 다그치기엔 이미 민재가 무릎을 꿇고 앉아버렸다. 편하게 대화할 거니까 양반다리로 풀어 앉아보라 해도 그게 편하다고 하니 다그칠 수가 없었다.

"가족들은 뭐라고 안 하셔?"

"엄마는 퇴근이 늦으시니까 오래 하는 거 모르시고, 이모만 아셔요. 걱정 많이 하세요. 이모가…."

"선생님이 이제는 두고 볼 수가 없어. 자유학기제부터 2학년이 되기까지 너무 오래 했어. 게다가 게임만 하는 게 아니라 길드 모임도 나간다면서?"

"네, 선생님. 근데요, 게임을 줄여보려고 해봤어요. 근데 잘 안 돼요…."

"음, 줄여보려고 노력했는데 안 됐다. 줄여보려고 노력하는 이유는 어떤 감정이 작용해서일까?"

말해도 되는지 아니면 꺼내기 힘든 이야기인지 호흡을 가다듬고 이야기하기 시작했다.

"엄마…, 아니 가족이요. 저는 가족들에게 걱정을 끼치는 아이가 되고 싶지 않아요."

벌써 운다. 가슴속 이야기를 이제 한 줄 말했는데, 벌써 운다.

어떤 마음이 들어서 우는지 '자아도착' 시간을 가져보았다. 명료화 시간을 줘야 진짜 이야기를 할 수 있다.

"민재야, 선생님은 무턱대고 게임을 하지 말라고 못해. 선생님도 서른다섯 살에 오프라인 대회를 나갈 만큼 게임을 엄청 좋아하고 잘했어. 그때는 외로워서 시작했다고, 하다 보니 실력이 늘었다고 그래서 게임을 접을 수가 없었다고 말했지만, 돌이켜보니까 변명이고 합리화였어. 선생님이 게임에 미쳐 있는 그때, 아이들 과외도 제대로 못하고 아들도 제대로 돌보지 못했으니까. 단순한 도피처였던 그 가상의 세계가 가정을 무너뜨리고 있었어."

동지라고 생각했을까, 신뢰한다는 눈빛으로 나를 쳐다보고 있었다.

"저도, 게임을 할 때는 신나지만 이모에게 혼나거나, 늦게 들어오셔서 직장 일로 힘들어 하고 있는 엄마를 보면서 열심히 공부해야지 다짐했어요. 그런데 잘 안 돼요…."

화장실에 가서 세수를 하고 올 정도로 울고 있다.

아직 나는 눈물의 깊이를 헤아릴 마음의 준비도 못했는데, 아이가 너무 많이 울고 있다. 민재 어머니와 나누었던 그 아픔의 수준을 되새겨보고 민재의 눈물이 단순히 게임을 해서 어른들에게 걱정을 끼쳐서 우는 것이 아닐 수 있겠다 싶었다.

힘들어하는 가족이야기를 마무리하고 싶었다.

"민재야, 롤이랑 오버워치, 배틀그라운드 중에서 제일 잘하는 장르는 어떤 게임이야?"

"제가 시간을 많이 투자해서 거의 다 잘해요." 웃는다.

"민재가 많이 울어서 순간, 내가 너무 강하게 이야기했나 걱정했는데, 민재가 왜 울었을까? 선생님이 실수한 거는 없지?"

"제가 선생님 좋아하는 거 아시잖아요. 오늘 대화하자고 하셔서 오히려 좋았어요. 근데 말없이 응원하는 아빠와 엄마에게 거짓말한 게 떠오르니까 마음이 아팠어요. 사실 제가 아빠를 많이 좋아해요. 갑자기 집안 사정이 어려워져서 대가족이 살지만 그래도 불행하다고 생각한 적은 없어요."

겉으로 밝고 씩씩해서 모를 수 있다. 마음의 감기로 기침하고 콧물도 흘리는 아이라는 것을.

"그랬구나. 그래도 선생님이 엄마랑 친구로 지내고, 민재에게 더 애착이 가서 오늘은 심각하게 말할 거야. 한 번, 두 번 빠지니까 더 공부하기 싫지?"

"네."

"게임 잠깐 한다고 하지만, 한번 시작하면 몇 시간이고 하지?"

"네."

"그리고 밤이 되면 마음이 어땠어?"

"허무했어요. 그리고 죄송했어요. 어른들께…."

한바탕 울고 나면 상황을 객관적으로 볼 수 있게 된다. 민재는 전보다 편하게 대화에 임하고 있었다.

"그랬구나. 민재는 게임을 그만하고 다시 예전의 등수로 복구하고 싶은 마음 있지?"

"네, 당연하죠. 등수가 너무 많이 떨어졌어요."

"그러게. 엄마랑 선생님이 친하지 않으면 벌써 공부방에서 과외수업 받지 못했을 거야. 엄마가 믿어주니까 지금까지 다닐 수 있는 거야. 알지?"

"네."

겉만 보면 어른스럽다고 표현할 정도로 걱정 하나 없는 아이 같지만 오늘의 고백으로 알지 않는가. 언젠가 알겠지…라고 기다릴 영역이 아니었다. 공부의 시기가 있다고 알려주어야 했다. 책임을 지고 있는 어른이 아이에게.

"자, 그럼 방법론을 생각해보자. 참, 이제는 빠지면 바로바로 보고드릴 거야. 알겠지? 음, 민재가 유혹을 이기기 힘든 그 순간이 언제야?"

"학교 수업 끝나면 일부 학생들은 바로 학원에 가거나, 부모님들이 픽업하러 오시기도 해서 유혹이 없는데 저는 수업 끝남과 동시에 PC방 가자고 유혹하는 친구들을 거절할 수가 없어요. 집으로 갔다가 다시 공부방 가려고 나오는 것도 힘들어요. 공부방 시간을 변동해주시면 안 될까요?"

상황을 정리하고자 함이지 자신에게 유리한 쪽으로 꾀를 부린다는 느낌은 없었다. 거짓말을 할 때는 말이 느려지는 아이였으니 이렇게 일목요연하게 자신

의 의견을 피력하는 순간, 결정권을 스스로에게 부여했을 때 갖게 되는 책임감
도 알게 해주고 싶었다.

"그러자. 오늘은 너에게 결정권을 줄게. 집에 들르면 멀리 위치한 공부방으
로 가는 게 싫기도 하고, 방과 후에 바로 오면 학교 수업하고 바로 과외 수업….
으, 너무 삭막하다 그치? PC방으로 갔다가 게임 딱 한 시간만 하고 나올 수 있
겠어? 그리고 바로 공부방 오는 거 어때?"

"네, 해볼게요!"

이제, 민재를 위해 속으로 기침하는 마음의 감기를 낫게 해주는 방법을 고
민해야겠다.

사춘기는 끝나지 않는다, 성장할 뿐

사춘기는 질풍노도의 시기이며 이 시기의 아이들은 부모 및 사회와 거친
마찰을 일으키고 비윤리적인 행동, 난폭한 언행을 하는 것이 당연하다는 시각
이 있다. 하지만 연구에 따르면 대부분의 사람들은 사춘기에 그런 거친 경험을
하는 경우가 많지 않으며, 오히려 대중매체와 일반 대중의 고정관념이 청소년들
에게 그런 바람직하지 못한 행동을 하게끔 부추긴다고 학자들은 말한다.

한 무리의 중학교 남학생들이 들어왔다. 중학교 교복을 입었을 뿐, 신체적
조건은 다 자란 성인의 몸이었고, 들어오는 발걸음은 소위 말하는 '노는 학생'

의 걸음으로 등장했다.

"안녕하세요! 상담받으러 왔는데요."

일반 학원과 달리 성적으로 테스트하지 않고, 누구나 품어준다는 공부방이라고 해서 찾아왔다는 것이다. [잘 왔다]고 했다. 한 달 만에 수업 분위기를 흐리고 나갔지만, 그때 그 한 무리의 거친 학생들을 가르치면서 '중2가 무서워서 북한이 남침을 못한다'는 세간에 떠도는 말을 몸소 실감할 수 있었다.

또래보다 생각이 깊고 어른스럽다는 민재도 사춘기를 보내고 있었다.

눈을 피하기도 했고, 친구랑 대화하다가 거친 말이 툭 나오기도 했다. 공부방을 나서면 다른 모습이 된다는 장난스런 제보가 들어오기도 했다. [그럴 수 있다] 했다. [커가는 과정]이라고, 제보하는 학생에게 말을 옮기지 말 것을 부탁하기도 했다.

중학교 2학년, 기말고사를 앞두고 조금 늦은 시간까지 공부를 시켰다. 수업시간 때 열정이 자습시간이 되면 없어지는지 앞자리에 앉은 중학교 3학년 형이랑 눈빛을 교환하기도 했고, 몰래 휴대폰을 보기도 했다. 10분만 쉬고 온다고 하고 이상한 냄새를 풍기고 들어오기도 했다.

암기량이 부족하고, 집중력이 떨어져서 시험 결과가 좋지 않을 것 같았다.

안방토크를 해야겠다.

"민재야, 요즘 힘들거나, 선생님한테 말 못했던 것 있으면 해줄래?"

"왜요?"

예전과 다른 말투에 당황했다.

"민재야, 시험 기간이고 평소보다 더 열심히 공부해야 하는 시기잖아? 집중력이 떨어져 보여서 쳐다보면 선생님한테 어색한 미소를 날리던데. 물론 그미소를 [열심히 공부하겠습니다!] 라는 사인으로 받아들이곤 해. 그래도 걱정은 되네."

"집중할게요."

상담을 계속하기 어려운 짧은 답변에 대화를 마무리하고 [사춘기구나, 기다려보자] 생각했다.

그리고 섣부른 고정관념으로 몰아세우기에는 아직도 민재는 착했다.

중학교 2학년이 끝나갈 무렵, 여전히 민재는 게임을 하고 있었다. 다른 학교보다 쉬운 문제의 경향으로 성적은 중위권을 유지하고 있었지만, 공부방 과외수업이 끝나면 게임만 하는 민재는 공부방 수학선생님의 숙제를 해오지 않아서 갈등을 빚곤 했다.

다시 불러서 이야기를 해야겠다.

"민재야, 행동과 언어의 변화는 성장하면서 자연스러운 거야. 그치?"

"네."

"그런데 책을 두고 오거나 숙제를 해오지 않아서 혼나고, 그러다가 같은 거짓말을 반복하면 자칫 순간만 모면하면 된다는 생각이 너를 지배할까봐…"

"그렇지 않아요. 진짜로 숙제 두고 온 거예요!"

"알았어. 가볍게 질문한 건데, 화났구나…"

선생님의 빠른 사과와 느린 호흡에 민재가 심호흡을 했다. 솔직해지겠다는 신호였다.

"죄송해요 선생님. 사실 요즘 집에서도 어른들의 꾸중이 듣기 싫고, 학교에서도 권위만 내세우는 선생님들을 보면 괜히 화나고, 아, 모르겠어요."

"모르는 게 당연해. 선생님이 재미있는 이야기 해줄게, 들어볼래? 사춘기가 되면 남자아이가 성장해서 남자가 돼. 신체에 커다란 변화도 오고 이런 변화의 원인에는 '성장호르몬'이 작용해. 호르몬이란 우리 몸에 작용하는 일종의 화학물질인데…"

과학을 좋아하는 민재가 경청해주고 있다. 미룰 수 없는 상담이니 확실하게 짚어주자 다짐했다.

"그 호르몬은, 충고하는 말에도 짜증이 나게 하고, 방에서 혼자 있고 싶게 하고, 가끔은 벽을 치고 싶게도 하지. 대단한 놈이야. 그니까 네 탓이 아니라는 거지."

갑자기 몸을 바꿔서 내 앞쪽으로 다가와 앉았다.

"맞아요. 요즘 자꾸 짜증이 나고, 밤에 공원에서 놀다 오고 싶고, 친구들이랑 말하는 게 더 편하기도 해요. 그러다 호기심에 어른들이 싫어하는 행동도 하게 돼요."

"그랬구나. 집에 있을 때는 어때?"

민재는 가족 이야기를 할 때 진중하게 답변하거나, 늘 괜찮다고 표현하는 아이였다.

"집에 있기 힘들어요. 답답해요."

감정 표현이 달라졌다.

"엄마랑 의논해서 환경을 바꿔볼까?"

"네, 그래도 더 고민해볼게요…"

정신분석 이론의 창시자 지그문트 프로이트는 사춘기의 호르몬 변화와 생리적 변화들이 잠복기 동안 억압되었던 리비도(Libido: 사람이 내재적으로 갖고 있는 성본능·성충동) 에너지를 더 강한 성적 충동으로 재현한다고 주장했다. 즉, 청소년들이 경험하는 혼란과 갈등은 정상적 발달 과정의 일부분일 뿐 병리적 현상이 아니며, 오히려 이러한 혼란의 부족을 발달적 장애로 본 것이다.

나는 다양한 학자들의 이론을 공부했고 수긍도 했지만, 실제 생활에서 '사춘기'라고 명명하는 중학생들과 지내다 보면 그 사춘기를 '중2병' 쯤으로 몰아가기에는 문제가 있다는 것을 알게 되었다. 왜냐하면 민재는 질풍노도의 모습으로 사춘기를 보내고 있지 않았고, 일탈의 경험이 귀여울 만큼 [그럴 수 있다]

의 개념이니, 더 어렵고 어려웠기 때문이다. 그것이 나의 긍휼 포인트를 자극했다. 민재 어머니에게 민재와 내가 함께 지낼 수 있는 시간을 달라고 했다. 민재 어머니가 흔쾌히 허락했고 나는 민재와 함께 생활하게 되었다.

사춘기는 성장기의 연속선이다. 끝나는 것이 아니라, 다른 모양으로 표현하는 성장의 단계일 뿐이다. 눈에 넣어도 아프지 않은 두 살배기 아기가 기어 다니다가 걸어 다니는 발달 단계에서 사고를 친다고 해도 사춘기라고 표현할 것인가? 그 예쁜 아기에게 화를 내는 부모는 없을 것이다. 중학교 2학년, 우리 아이들은 더 예쁘게 성장하려고 하는 발달 단계일 뿐이다. 무조건 기다려주고 지지해주어야 한다.

여전히 어른스러운 아이

나의 공간에는 게임을 할 수 있는 도구가 없다. 공부만 해야 한다는 각오로 들어와야 하는 공간이다. 그 각오를 가지고 민재가 들어왔다.

한 달의 적응 기간이 끝나자, 제주도에서 처음 보았던 순수했던 그 착한 민재가 시간에 맞추어 공부를 하고 있었다. 단어를 외우고 수업을 듣고 숙제를 하고 다시 책을 읽는 그리고 그 책의 느낌을 입으로 표현하는 룰(Rule)을 지키는 학생으로 앉아 있는 것이다.

아직도 엄마 이야기만 하면 눈이 빨개져서는,

"선생님 저, 의사 될 거예요. 성형외과 의사!"

"과학자가 되고 싶다고 했잖아?"

"학교선생님이 성형외과 의사가 되면 돈을 잘 벌 수 있대요!"

"그래, 넌 뭐든 잘해낼 거야!" 웃으면서 대꾸했지만 민재의 깊은 마음을 알기에 크게 웃을 수 없었다.

아직, 민재의 마음의 감기는 낫지 않았다. 엄마가 보고 싶은데 괜찮다고 이야기하고, 밥을 차려주는 할머니의 건강 악화로 할머니가 짜증 섞인 목소리로 말해도 한 번도 인상 쓴 적이 없고, 집이 아닌 곳에서 살아도 씩씩하게 괜찮다고 말하는, 속으로 기침하는 마음의 감기는 아직 낫지 않았다.

심지어 고등학교를 앞두고 진로를 바꾼 상태라 하루 종일 수학공부를 하다가 밥 먹는 시기를 놓쳐도 배고프다고 하지 않았고, 학교 수행평가를 도와주는 나에게 시간을 너무 뺏어서 미안하니 침대에서 쉬고 계시라고, 모르는 것이 있을 때 한 번에 묻겠다고 배려했다.

스트레스를 풀어주겠다고 영화를 예매하고 보여주러 가면, 팝콘은 본인이 사겠다고 뛰어가서는 잔액이 부족하다고 얼굴이 빨개져서 돌아오곤 했고, 가장 좋아하는 교○치킨 레드 콤보를 시켜주면 일주일 뒤에 용돈 받았다고 내가 좋아하는 매운 족발을 사주곤 했다.

"민재야, 너무 맛있다! 고마워! 그리고 늘 괜찮다고 하지 마. 먹고 싶은 거 있으면 말하고 짜증나는 것도 다 말해!"

"선생님, 저 괜찮아요! 짜증이 왜 나요? 할머니랑 선생님이 얼마나 잘해주시는데."

"내가 복이 많다. 널 만나고 너를 가르칠 수 있어서…."

게임을 할 수 없는 공간이다 보니 시간이 흐를수록 공부의 양이 많아졌고, 시간에 맞추어 그 날의 공부할 양을 끝내고 책을 읽다가 잠을 잤다.

그리고 식탁에서 밥상머리 교육을 받으며 하루의 일상을 보고하다 보니 민재의 언어 수준이 높아졌고, 하루 종일 내가 쓰는 한자어와 영어의 뜻을 궁금해서 물어보곤 했다.

그렇게 롤(LoL)을 버리고 룰(Rule)을 택한 아이는 3등이라는 성적표를 가지고 왔다. 수직으로 내려갔던 성적을 수직으로 올릴 줄 아는 민재는 똑똑한 아이였다.

—

엄마는 모르는 이야기의 마지막 학생입니다. 최근까지 함께했던 학생이라 가장 늦게 기록하기도 했지만, 민재는 꽤 진중했습니다.

엄마와 선생님은 이미 아는데 아이가 말하지 않아서, 학습심리 사례에 쓰기 어려웠습니다. 몇 번이고 확인받았습니다. 너의 이야기를 써도 되냐고. 아이는 말합니다, 일탈의 이야기는 상관없지만 가족 이야기만 아프게 쓰지 말아 달라고. 여전히 민재는 어른스러워서 어렵고 어렵습니다.

마음의 감기가 다 나았는지, 사춘기가 끝나서 어른스러워졌는지 확인하지 않으려 합니다. 어차피 있는 그대로 바라봐주고, 잘하고 있다 칭찬만 해주어도 민재는 잘 클 수 있기 때문입니다.

※ 민재의 이야기는 4장 '우리 아이가? 네가?'로 이어집니다.

네가 무엇을 하든, 누가 뭐라 하든, 나는 네가 옳다

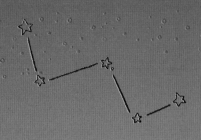

4장

네가 무엇을 하든, 누가 뭐라 하든,
나는 네가 옳다

나의 삶이 너희와 닮았다

,

한 남자가 말했다. [장애인인데, 운전을 잘하시네요.]

"신체장애인도 카레이싱을 할 수 있다."
- 휠체어 장애인 카레이서 이안 제임스

'나도 하고 싶다!'

경사 45도 언덕 위에 위치한 모 고등학교 앞에서 차의 선루프를 열어놓고, 학생 한 명씩 고개를 밖으로 빼게 했다. 그리고 외쳤다.
"자, 준비했지! 가속으로 내려갈 거야! 소리 질러!"
"으악!"
새벽 2시, 자습을 마치고 고등부와 해안도로를 달리고 있었다.
"자! 오늘은 도로에 차가 하나도 없네. 듣고 싶은 음악은?"

소찬휘의 'Tears'에 맞춰 차를 지그재그로 몰거나 폭주족처럼 달렸다.

"선생님! 신나요!"

카레이싱을 대신하기 위해 했을까? 공부만 하느라 지쳐 있는 아이들의 스트레스를 날려준다는 이유가 작용했을까?

모르겠다. 중요한 것은, 살면서 정상인과 장애인의 기준점을, 능력치의 제한으로 두는 그 포인트가 늘 나를 자극시킨 것은 분명했다.

황인종은 피부가 노란색인가요? - 고정관념에 대하여

스테레오타입(Stereotype)

'남자는 이래야 해', '여자는 이래야 해'처럼 다수의 사람들이 공통적으로 나타내는 말. 양쪽의 스피커(Stereo)에서 모두 소리가 나오는 것처럼 여기저기에서 똑같이 나타나는 형태(type). 이것을 '고정관념' 또는 '상투적 문구'라고 한다.

"그래서 넌, 뭐가 들렸는데?"

"동남아 새끼…."

"아닌데, 아닌데, 넌 아빠는 한국인이고 엄마는 영국 분이시잖아."

"엄마가 국적은 영국이지만 할머니 할아버지가 라틴계열이세요. 그래서 제 얼굴이 한국 사람보다 조금 검은 거 같아요…."

"그래서, 그래서, 누가 그러는데?"

흥분했다. 가슴이 뛰고 마치 내가 당한 것처럼 화가 났다. 당장 가서 혼내고 싶었다.

상담을 요청한 학생이 더 침착했다. 도리어 가슴이 터질 듯 답답해서 잠시 쉬는 시간을 요청한 건 나였다.

학생은 상담실 벽면에 전시해둔 나의 그림들을 천천히 걸어가며 보고 있다. 한 그림에서 심호흡하고 멈추었다.

"선생님, 선생님 그림은 왜 계단이 많아요?"

"아, 잠시만! 그전에, 선생님이 예전에 썼던 자료가 있는데…. 여기 있다! 읽어보고…."

스테레오타입(Stereotype)

고정관념. 사회학적 측면으로 고정관념은 어떤 신념이 사회집단과 사회에 널리 확산되는 관념을 말한다. 상담학으로 이해해보자. 인지적 측면으로 설명할 수 있다. 사람, 사물, 장소에 대한 지나치게 단순하고 완고하면서 편견적인 고정된 이미지나 사고를 말한다. 예를 들면, 키가 작은 사람은 나폴레옹처럼 권력에 대한 욕구가 있다거나 상담을 원하는 모든 사람이 정신적으로 병들었다는 생각을 들 수 있다.

심리적으로 접근해보자. 인간이 왜 스테레오타입을 고집하느냐 하는 데에는 크게 두 가지 이유가 있다. 첫째, 스테레오타입에 의존하지 않고는 일상생활의 모든 사물을 지각하는 것이 불가능하기 때문이다. 우리의 뇌는 이미 하늘은 파랗고 구름은 하얗다고 인지하고 살아간다.

'아닌데…, 내가 그리는 그림의 하늘은 주황빛이고 구름은 먹빛인데.'

둘째, 스테레오타입의 체계가 아이덴티티(Identity: 정체성)의 핵심이며 자아방어의 메커니즘이기 때문이다.

인간은 상황에 따라 어떤 스테레오타입이 불합리한 것이라고 판단되더라도 질서와 단순성을 성취하기 위해서 현실을 왜곡시키기도 한다. 그렇다고 해서 스테레오타입이 이상하거나 병적인 것은 아니다. 그것은 어떤 개인에 대한 첫인상처럼 자연스러운 인지반응이기 때문이다. 이러한 이유 때문에 사람들이 스테레오타입에 순종과 동조를 보인다.

'바로 이 부분! 이러한 이유 때문에 사람들이 스테레오타입에 순종과 동조를 보인다…!'

"그니까, 너보고 동남아 새끼라고 했던 아이가 몇 명이야?"

"선생님…"

"아, 흥분했어, 미안… 선생님이 계단을 그리는 이유를 물었지?"

"네."

"못 올라가니까 계단 위는 동경의 대상이야. 사람들은 쉽게 계단 위의 상황을 나에게 말해주고 같이 가자고 하지만, 난 못 올라가! 그냥 아래서 기다려. 그리고 그 위를 한참 봐. 이제는 계단 위가 궁금하지 않아. 그림으로 마음을 승화했으니까."

거짓말이다. 피부색이 다른 아이의 고민도 똑바로 들어주지 못하고 흥분하는데. 장애인으로 살아오면서 들었던 수많은 스테레오(Stereo)에 아파하고 울었으면서 그림으로 승화하다니, 그림으로 위로는 받았겠지.

"그림, 가져갈래?"

"선생님의 그때 그 감정이 이 그림에 있잖아요. 다른 그림 주세요…."

천천히 들여다본 아이의 얼굴은 검은색이 아니었다. 한국어를 쓰고 있고, 영국에서 살다 와서 영어까지 잘하는 아이. 이 아이가 왜 한국의 교실에서 등을 펴지 못하고 책상 위에 엎드려만 있다고 고백해야 하는가. 아, 맥락을 잘못 짚었다. 피부색 상관없이 건강한 사회에 살 수 있도록 유도하고 건강한 생각을 심어주는 것이

나의 그림은 계단이 많습니다. 올라가고 싶은 마음을 그림으로 그리는 것 같습니다.

상담의 목적이 되어야 한다.

"선생님…, 러시아 아이 구타사건 있잖아요."

"응, 기사 봤구나."

"네, 마음이 아팠어요."

⊙ 인천 중학생 추락사 사건, 외국인 아닌 '다문화 대한민국 국민' 위한 교육 정
  책 필요성 제기

⊙ 피부색 다르면 일단 '외국인'으로 생각하는 대중의 시각. 관광객 아니면 노동
  자로 차별대우

⊙ 세금, 건보료, 국민연금 다 내고 남자는 군대도 간다. 그런데도 여전히 우리
  는 이방인 취급

"승혁이는 어떤 부분이 가슴 아팠어?"

"피부색이 다르다는 것 때문에 친구가 될 수 없는지…."

"아니지, 승혁이 공부방에서 친구 많잖아?"

질문의 의도를 알고 있지만 말이 느리고 신중한 승혁이가 오늘 다 털어놓
지 않고 갈까봐 여전히 나의 호흡만 빨라지고 있었다.

"그쵸…. 친구 있어요. 진심을 나눌 수 있는 친구 몇 명 있어요."

"그런데."

"그냥, 습관처럼 다르다는 것이 차별로 다가오는 것이 싫어요."

"승혁이는 공부도 꽤 잘해. 운동도 잘하지? 그렇게 잘하는 것이 많은데도 차별을 당한다고 느낀다는 거야?"

승혁이의 얼굴을 집중해서 바라보았다.

"후…, 구타 후에 떨어졌던 그 친구를 생각해봤어요. 그 친구는 저보다 더 힘들었을 것 같아요. 저는 맞지는 않으니…."

가슴이 아프다. 이제는 상담자의 중립성이 내가 이미 받아왔던 고정관념과 편견으로 인해 흔들리고 있었다.

다문화의 관점에서 법을 개정하고 사회적 인식을 가르치는 것도 중요하지만, 어릴 때부터 나와 다른 사람을 다른 눈빛으로 보지 않는 것이 얼마나 중요한지 나와 승혁이는 마음으로 동의했다. 사람들이 보고 있는 눈빛을 빠르게 읽어내는 깊이가 우리에게는 있었다. 원하는 그림을 선물로 받은 승혁이가 말했다.

"선생님, 저는 운동할 때가 제일 좋아요. 피부색 상관없이 실력으로만 판단되는 축구시간이 제일 좋아요."

"그래? 그럼 너의 구릿빛 피부가 돋보일 수 있는 공부방 운동회를 계획해볼게!"

위로로 던진 그 말이 매년 5월이면 공부방에서 체육대회를 열게 하는 이유가 되었다.

매일 수많은 고정관념과 싸우고 있고, 못 느끼고 살 정도로 무의식에서 나오는 고정관념이 있다고 하더라도 다른 외모를 가진 자에게 '차별'이라는 프레임을 씌우는 사회가 무겁게 다가온 상담이었다.

짐 같은 존재

집에 손님이 찾아오면 "너는 나오지 마", 가족여행을 가게 되면 "너는 다음에 데리고 갈게"로 어둑한 방 한구석에 던져진 채 갇혀 있던 나는, 짐 같은 존재였다. 가끔은 맛있는 음식으로 배불리 먹게 하고 사고 싶은 것을 물어도 보아주어서 어린 소녀는 믿었다. 착한 부모, 착한 형제라고. 그때는 그랬다.

"어머니, 아인이와 충분히 이야기해보셨나요?"

"말을 해야죠. 말은 안 하고, 학교 간다고 집을 나서더니 지각을 하지 않나, 충분히 재웠는데도 학교수업 1교시부터 6교시까지 내리 자서 전화가 오지를 않나, 미치겠어요." (2장에 등장하는 아인이 이야기입니다.)

"아인이 말로는 어머니가 밤마다 나가셔서 외로웠다고 하던데, 그래서 극단적으로 표현해야 어머니가 집에 계신다고 하던데…"

"선생님에게는 다 말했구나. 다행이네요. 말할 곳이 있어서…"

병원 치료를 받고 어머니와 밀착도가 회복이 되었는데도 아인이는 말했다.

"선생님, 선생님 집에서 살면 안 돼요?" 거부할 수 없었다. 아니, 거부하지 않았다.

"선생님, 제가 사고를 하도 쳐서 이제는 엄마가 들어오지 말래요. 어떡해요. 잘 데가 없어요…".(2장에 등장하는 민호 이야기입니다.)

"아니, 공부 분위기 흐리게 이상한 아이들을 받아요?"

"선생님, 아이들을 등급 컷으로 구분 지어서 받으면 안 될까요?"

유교무류(有敎無類)라는 말이 있다. 가르침에는 차별이 없다는 말로 배우고자 하는 사람에게는 누구에게나 배움의 문이 개방되어 있다는 공자의 말이다.

다른 사람의 자녀가 문제를 일으키면, 그 부모의 탓을 하면서도 본인의 자녀가 문제를 일으키면 이유를 모르겠다고 했다. 그리고 나를 만난 것이다. 아이들을 사랑하는 그 마음 하나만으로 품어준다는 특이한 공부방을 운영하는 나.

아이들이 자신을 '짐짝' 같은 존재로 느끼지 않았으면 했다. 부모들이 [닫힌 길] 앞에서 방법을 모를 뿐이니, 잠시 나에게 머물다 가라고 손을 내어준 것뿐이다. 그렇게 나의 과거가 투영된 아이들이 나를 거쳐갔다.

아픈 말은 못하겠어요

나는 남자 배우 '정해인'을 보면 잘생겼다고 좋아라했다. 여자 배우 '송혜교'를 보면 예쁘다고 한참을 들여다보았다. 아들은 말했다. "엄마, 외모지상주의야!"

"선생님, 제 귀가 그렇게 작아요? 친구가 귀를 보고 놀린 다음부터 머리를 묶을 수가 없어요."

"누가 그래! 묶어보자. 그렇지! 그렇게 올림머리로 묶어봐! 오히려 시선이 머리 위로 가니까 귀는 신경도 안 쓰이네. 오, 오! 예쁘다!"(3장에 등장하는 도희 이야기입니다.)

"선생님, 저는 홍조가 심해요. 선크림으로 가려도, 당황하거나 땀을 흘리면 얼굴색이 너무 빨개서 신경 쓰여요."

"많은 사람들 앞에서 발표할 때나 시선이 집중되면 더 빨개지지? 방법이 있지! 선크림을 바르고 홍조색인지 화장인지 모르게 볼터치를 하는 거야!"(3장에 등장하는 하은이 이야기입니다.)

선한 심리상담가처럼 "그랬구나", "괜찮아"로 말하지 않았다. 어쩌면 아들 말처럼 외모지상주의가 맞을지도 모른다.

"도희야! 물 좀 떠다줄래? 도희야! 커피 좀 타줄래? 도희야! 도희야!"

"하은이 누나, 중얼대면서 외우는 것은 좋은데 좀 조용히 해주세요. 누나, 저 이것 좀 테스트 해주세요. 누나! 누나!"

도희와 하은이는 나와 가장 오래 공부하고, 공부방 과외수업을 할 때도,

맛있는 것을 먹을 때도 배려가 몸에 밴 아이들이었다. 메신저와 메시지의 일치가 시간이 지나면 달라지기도 할 텐데, 말한 것은 지키는 아이들이었다.

조건이 있다면, "선생님, 앞에 앉아 있어주세요! 선생님이 지켜보면 더 잘돼요!"

아픈 말은 하지 못하지만, 욕심은 많았던 두 여학생은 내가 지켜보는 가장 가까운 자리에서 공부를 하고, 내 방 옆, 똑같은 공간에서 잠을 잤다.

가장 아름다운 나이 스무 살, 그리고 스물한 살, 도희와 하은이는 여전히 아픈 말은 못하고 있다.

그로 인해 나의 삶이 너희와 닮았다

감정 전이의 경험은 누구나 갖고 있다. 우리는 친구와 농담을 나누며 즐거워하고, 배우자가 울면 함께 슬픔을 느끼며, 이웃과 함께 시 당국에 대해 분노하고, 힘든 하루를 보내고 집에 돌아온 아이를 꼭 껴안아준다. 그렇지만 상대방의 기쁨과 슬픔을 나누는 행동에서 우리가 흔히 간과하는 사실이 하나 있는데, 그것은 감정이 우리의 친구뿐만 아니라 친구의 친구 그리고 그 너머까지 퍼져간다는 점이다. (중략) 감정 상태가 전염병처럼 번지는 사례는 수백 년 전부터 보고되어 왔다.
- 니컬러스 크리스태키스 · 제임스 파울러,《행복은 전염된다》중에서

나와 닮은 자를 보면 동공이 커지고 가슴이 거짓말을 시키곤 했다.

"아…, 오늘 좀 바빠서요…. 다음에 기회가 되면." 이때까지는 닮아 있는 자를 외모로 국한해서 그렇다.

'아, 나와 닮은 장애인이네.'

그리고 나와 닮은 자를 나와 다른 사람이라고 합리화하기 시작했다.

"그런 상황에서는 그렇게 하면 안 되지! 그대가 틀렸소!" 이때까지는 닮아 있는 자를 성격에 국한해서 그렇다.

'아, 나와 닮은 고집쟁이네. 말만 잘해.'

그리고 나와 닮은 자를 위해 지갑을 열고 있다.

"아, 다 잊어요. 뭐 먹을래요? 제가 다 내죠!" 이때까지는 닮아 있는 자를 아픔의 무게로 보아서 그렇다.

'아, 이 사람도 남편의 허기가 있구나. 눈이 슬퍼.'

위의 사례 모두 칼 융의 심리학으로 이해하면, "그림자는 인격의 어두운 면이다. 숨기고 싶고 마음에 들지 않는 것 전부를 가리킨다. 그림자는 비난받을 속성으로도 이루어지지만 창조적 충동을 비롯한 좋은 속성으로도 이루어진다."

그러니까, 누군가를 향한 불편한 대화는 그 사람이 나와 닮아 있기 때문이라는 것이다. 나의 그림자이기 때문에.

그랬던 내가 이제는 나와 닮은 자를, 조건이나 외모나 자격에 국한시키지 않고 다 품어줄 수 있게 되었다. 표면적인 이유로는 하나님을 제대로 믿었기 때문이고, 심리학을 공부했기 때문이라고 말하기도 했다. 하지만 이제는 안다.

나의 스승은 제자들이었다. 권위를 내세우는 자 앞에서 아부하지 않고, 겉은 윤리적이나 속은 속물인 이중적 자아상 앞에서 지적할 줄 알며, 나보다 어려운 자에게 지갑을 열고, 아픈 사람을 보면 울어주는 그 제자들이 나의 스승이었다.

나의 삶이 너희와 닮아서 좋고, 내가 너희를 닮아가서 좋다.

사람은 옳은 말을 해주었다고, 변하지 않습니다. 나의 말을 들어주는 사람이 [자기편]인가 지켜보고, 그 [자기편]의 삶이 일관되어야 변합니다. 원래 외모지상주의에 뭐, 츤데레(무뚝뚝하지만 챙겨주는 사람), 그런 사람이었습니다. 그런데 이제는 연예인 기준이 아니어도 아이들이 아주 예쁩니다. 그리고 변함없이 사랑해주었습니다. 손가락질 받는 상황에서도 흔들리지 않고 사랑했습니다. 그래야 아이들이 [자기편]을 보러 오니까요. 그래야 전이된 행복을 또다시 나누니까요.

'누가 뭐라 하는' 특이한 공부방

장애인이 운영하는 공부방, 아이들이 끊임없이 드나드는 공부방, 새벽까지 불이 켜 있는 이상한 공부방, 밥을 주는 공부방, 심지어 잠을 재워주는 공부방.

이웃의 평가였다.

처음부터 가족으로 아이들을 받은 것이 아니었다. 나중에도 그런 포부가 가득한 생각을 하고 받은 것은 아니었다. 처음부터 밥을 주면서 가르친 것은 아니었다. 공부하다가 들리는 '꼬르륵' 소리에 밥 먹이고, 갈 데 없어서 방황하는 모습 지켜보기 힘들어 '방 많다, 자고 가라' 그랬다.

아이들 앉혀놓고 저녁 먹을 때 식탁의 음식으로 시선이 향해 있는 아이들, 눈치 빠른 내가 '수업, 뒤로 미루고 밥부터 먹자' 챙겨주었던 것이 시작이었다.

이제는 오후 5시면 중학교 학생들은 모두 다 모여서 할머니의 10첩 반상을 함께 누리고 있다.

"저는 무교입니다."

"교회는 좀…."

20대 나의 믿음의 열정은, 사람이 많은 대로에서 "예수 천당, 불신 지옥"을 외치는 거룩한 용기를 가진 여전사 그 이상이었다.

요즘은 길거리에서 믿음을 증거하는 사람들 또한 보기 어려워졌고, 믿음의 퇴색 여부 상관없이 가끔 지하철에서 전도하는 사람들을 보면 나는 '대단하다!' 감탄했다.

그러나 여전히 나는 성경을 필사하는 예수쟁이였고, 아이들과 함께하는 동고동락의 공동체에서, 나 혼자 교회 나가는 일은 있을 수 없는 몫으로 남겨졌었다.

사실 고민할 필요는 없었다. 사랑을 나누어주는 메신저의 메시지가 삶에서 묻어나고 일치하자 "금요일에 집에 갔다가 토요일 저녁에 와. 그리고 일요일에 교회 같이 가자"라는 용기 있는 전도에 모든 아이들이 응해줬으니 말이다.

나는 일요일 아침이면 공부방 학생들과 함께 교회에 갔다. 800명이 넘는 대형교회로도, 20명이 교인의 전부인 개척교회로도 우리는 함께했다. 믿음의 성장을 위해 기도는 했지만 '예수쟁이가 되어주렴…'은 사실 목적이 아니었다.

가지고 있는 아픔과, 즐거운 이벤트로 채워줄 수 없는 진짜 고독은 내가 해결해줄 수 없다는 '나보다 주를 높이는 내려놓음'이 아이들을 교회로 전도하게 했다.

일요일 아침마다 교회를 가기 위해 지치지 않을 리스트업을 준비하는 것이 버거울 때도 있었지만, 교회에서 졸거나, 휴대폰을 하더라도, 교회에서 주는 평안을 누리고 돌아가는 아이들을 보면 너무 감사하고 행복했다.

토요일 저녁부터 일요일 오후까지, 여러 가지 모양으로 아이들을 위해 무엇을 해줄까 고민했고 정착시킨 방법이 있었다.

집에서 공부방으로 돌아올 때 기쁘게 올 수 있는 '귀소본능'을 느끼게 해주는 것이었다.

우선, 아이들이 공부방으로 복귀할 때마다 치킨을 준비했다. 아이들은 들어오는 입구부터 행복해진다고 했다. 치킨이나 매운 족발을 준비하곤 했는데 공부만 해야 하는 나의 공간으로 가고자 시간을 체크할 때 '아, 집에서 나가기 싫다'가 아니라 '아, 8시에 가면 치킨이 있겠지' 생각만 해도 침 나오지 않겠는가.

음식으로 현혹한다, 그런 의도는 아니었다. '익숙한 고향, 익숙한 집 냄새가 있듯이 공부방 입구로 들어설 때 가장 후각을 자극할 수 있는 치킨 냄새가 아이들의 가슴을 설레게 했으면 좋겠다', 그게 다였다.

그렇게 우리의 토요일 밤은 치킨과 예능으로 불태우며, 우리의 일요일은 예배와 월요일을 준비하는 리스트가 늘 업(Up)되어 있었다.

그로 인해 아이들은 '별다방' 뺨치는 커피 한 잔을 마시며 새벽까지 자신들을 지켜보며 앉아있는, 살아있는 CCTV 선생님 앞에서 다시 힘을 내곤 했다.

뉴욕 맨해튼 거리에서 반주 없이 합창을 부른 '밀레니얼 합창단'의 공연이 유튜브로 방영된 것을 보았다. 카네기홀에서 공연을 하기로 했지만 정전으로 취소가 되자 길거리에서 합창을 한 것이다. 그곳에 있던 사람들은 "처음에는 공연을 못 본다고 생각해 아쉬웠는데, 예상하지 못한 방법으로 더 많은 사람들의 가슴을 움직였다"며 "축복받은 기분이었다"고 전했다고 한다.

맨해튼 노을 지는 거리에서 울려 퍼지는 합창단의 하모니를 유튜브로 보면서 생각했다. "언제까지 밥을 주겠냐? 언제까지 재워주겠냐?"라고 하는 지적에, 선생님으로 만나지 않았어도, 돈이 없었어도, 하고자 한 것은 결국 했을 것이라고 말할 것이다. 거창하고 원대한 꿈으로 품어주는 것은 아니지만 누군가 '축복받는 기분'이었다고 말해주면 더할 나위 없이 행복할 것 같다고 말해줄 것이다.

나에게는 모토(Motto)가 되는 성경 말씀이 있다. 골로새서 1장 28-29절 말씀이다.

"우리가 그를 전파하며 각 사람을 권하고 모든 지혜로 각 사람을 가르침은 각 사람을 그리스도 안에서 완전한 자로 세우려 함이니 이를 위하여 나도 내 속에서 능력으로 역사하시는 이의 역사를 따라 힘을 다하여 수고하노라."

아이들을 완전한 자로 세우고 싶은데, 그리스도 안에서 세우고 싶었을 뿐이다.

아이들이 믿음으로 성장하든 세상을 향해 다시 나가든 그들의 몫이지만 나는 힘을 다하여 수고했다. 그리고 능력 주시는 주님의 품 안에서 매일 꿈을 꾸며 기도하고 기도했다.

"아프지 말고 크거라. 너희의 아픔을 안아줄 사람은 반드시 있으니."

노트만 펴면 썼습니다. 애인에게 고백하듯 아이들을 사랑하는 마음을 글로 쓰면 힘들었던 일상이 사르르 녹아내리는 경험을 했습니다.

네가 무엇을 하든, 누가 뭐라 하든, 나는 네가 옳다

,

(2장에 등장하는 민호의 이야기입니다.)

'징, 지잉.'

새벽 2시, 깊은 잠을 깰 정도로 반복적으로 울리는 진동의 기운이 결국 휴대폰을 집어 들게 했다. 등록하지 않은 낯선 전화번호다.

'받지 말자. 졸려….'

이불 밑으로 집어넣은 휴대폰이 다시 울렸다. 순간, 민호가 꿈꾸듯 떠올랐다. 일주일 내내 '사건'을 터트리며 엄마만 모르는 비밀을 털어놓았던 민호가 내 무의식에 깊게 자리하고 있었나 보다.

'아! 민호인가?'

전화를 받았다.

"여보세요! 선생님, 끊지 마세요! 저예요 저, 민호!"

역시나 민호였다. 분위기가 심상치 않았다. 다급한 목소리 뒤로 사람들의 어수선한 소리가 겹쳐 들려왔다. 잠에서 깨어나려고 노력할 필요는 없었다. 이 시간에 걸려온 전화라면, 충분히 또 다른 '사건'을 예견할 수 있었다.

"민호? 왜? 이 번호는 뭐야?!"

"선생님, 저 큰일 났어요!"

민호에게 큰일이라면 이미 2년 이상 내 심장을 단단하게 했으니 또 뭐가 있을까 싶었다.

"어딘데?"

"경찰서요…."

민호가 말을 흐린다. 다급했지만, 풀이 죽은 목소리였다.

"뭐? 왜, 무슨 일인데?"

예견된 상황보다 더 큰일임을 직감했다.

"선생님, 제가 오토바이를 훔쳤어요."

"그래서? 걸려서 거기 있는 거야?"

전화기 너머 민호의 곤란한 상황이 느껴졌다.

"그런데 제가 무면허고 음주상태로 역주행하다가 잡혔어요."

"아, 민호야…."

"그런데, 엄마가 전화를 받지 않아요."

네가 무엇을 하든, 누가 뭐라 하든, 나는 네가 옳다

"선생님이 어떻게 해줬으면 좋겠어? 집으로 가서 엄마 아빠께 말씀드리고 경찰서로 가보시라고 할까?"

"아니요. 아마 안 오실 거예요. 이미 버린 자식이라고 했으니까요."

이렇게 큰일에 부모에게도 전화할 수 없는 민호의 상황이 한탄스러웠다.

"민호야, 말도 안 돼! 역주행이라니, 게다가 음주라니."

절로 한숨이 터져 나왔다. 네가 옳다고 위로하면서 품어주기엔 모든 상황이 힘에 겨웠다. 새벽 2시, 아무것도 준비된 것이 없는 무방비 상태, 그리고 역주행이라는 무거운 단어 끝에 민호가 경찰서에 있다는 상황이 내게 너무 큰 무게로 다가왔다. '불편한 몸으로 그 아이만을 위해 경찰서를 갈 용기가 나지 않아요. 그만 손을 놓고 싶어요'라고 중얼대는 나는, 나약한 여자였다.

민호는 공부방에서 만났다. 중학교 2학년부터 중학교 3학년까지 성적 향상이라는 명목으로 다른 아이들보다 조금 더 길게 남아 공부하고 대화하는 친구 같은 사이였다. 표면적으로는 그랬다. 그러나 이면에서는 해결사 역할도 했다. 민호는 엄마만 모르는 비밀을 나에게만 털어놓았고 그 비밀 안에 숨어 있는 민호의 아픔을 치유하며 민호가 저지른 일을 해결하는 과정이 있었다. 그러나 카카오톡의 비밀이 어머니에게 알려진 다음 날 "그동안 감사했습니다"라는 문자 통보를 받고 성적 향상이라는 명목상의 인연이 끝났었다.

그리고 8개월 전, 다시 만난 민호는 심장이 단단해진 민호의 어머니와 달리 여전히 불안감을 호소했다. "선생님, 다시 공부방 다니면 안 돼요? 너무 힘들어요…."라는 고백과 함께 어머니를 설득하게 했다. 2년의 가르침과 8개월의 공백의 시기, 물리적 시간의 정량은 다르지만, 만나지 못했던 8개월의 시간은 학생의 범주를 넘어서서 더 큰 정량으로 다가왔고 이제 내 힘으로 해결하기가 버거웠다.

'역주행이라니, 오토바이를 훔쳐서, 그것도 음주라니…'.

8개월 전, 2년간의 공부방 과외수업을 마무리하면서 그때 나는 이렇게 말했었다.

"민호야, 네가 그랬지? 너를 폭력적인 시선으로 바라보는 사람들이 싫다고! 엄마에게 듣고 싶은 말이 [이해한다]는 말이라고. 결과와 상관없이 너를 사랑한다는 말을 듣고 싶다고 했지? 그래, 선생님은 알아. 네가 '학폭위'에 이름이 거론되고 친구들과 싸우고 술과 담배로 얼룩진 삶을 살아도, 사람을 좋아하고 어른을 존경하는 선한 마음이 너에게 있다는 것을. 그런데 민호야, 아빠의 폭력이, 엄마의 방관이 네가 사는 인생을 결정한다는 것은 너무 슬프지 않니? 민호야…, 이제, 선생님과 잠시 헤어져 있을 거야. 그래도 난 언제나 마음으로는 네 편이야. 언제든 연락해라."

그리고 8개월이 흐른 것이다. 상담을 잘해주었다고 생각한 적은 없다. 오히려 아이의 마음을 제대로 헤아려주지 못한 자괴감에 33년 과외 인생의 효력을 다한 것은 아닌지 밤마다 뒤척거리곤 했다. 결국 경찰서에서 아이를 변론하지는 못했다. 내가 아닌 부모님이 가야 하는 것이 맞으니 어쩔 수 없는 상황이긴 했다.

더 잘 가르쳐보겠다는 나의 의지와 다짐이 무너진 것은 역주행 사건 때문만은 아니었다. 민호 어머니는 민호를 지키려는 의지가 무너져가고 있었다.

"선생님, 결국 민호는 자기 인생, 자기가 버린 거예요. 제 자식이지만 저도 어떻게 할 수가 없네요. 이사 가려고요. 이제 이 동네에 살 수 없어요."

"어머니, 지난번에도 말씀드렸지만, 사건의 결과를 가지고 민호를 내치시면 안 돼요."

"선생님이 강조했던 시간의 흐름도 이 아이를 변화시키지는 못했어요."

어머니가 아니라 내가 혼나고 있었다. 내가 심판대 위에서 아이를 잘 양육하지 못한 선생님으로 낙인찍힌 채, '땅! 땅! 땅!' 판결이 내려졌다. 당신은 이미 민호를 가르칠 자격이 없다고.

"팔에 문신 봤죠? 미친놈이죠. 자기를 사랑할 줄 모르는."

"어머니, 민호는 문신을 호기심에 했다고 하지만, 저에게 고백한 다른 문자에는 극단적인 선택을 해야 어머니가 자기를 찾는다고…."

어머니는 금세 말을 가로챘다.

"말은 잘하네요. 그래서 매일 사고 친다는 거잖아요? 어불성설이죠."

"어머니, 민호가 저지른 결과가 '옳다'의 개념에는 들어갈 수 없지만, 민호가 표현하고 있는 무언(無言)의 소리는 부모님에게 하고 싶은 말이 있다는 거예요. [네가 이렇게 행동하는 이유를 들어보자] 그리고 전해지는 어머니의 진짜 용서와 [그럴 수밖에 없었구나]라는. 그래서 [나는 네가 옳다]라는 무조건적인 지지와 믿음이 필요해요. 자기를 믿는 사람이 있다는 것에서 다음 행동을 어떻게 할지 결정하게 돼요."

"되지도 않는 소리 마세요. 선생님 자식이래도 그렇게 말할 수 있나요?"

'아…, 어디서부터 잘못되었을까.'

일주일 뒤, 민호에게서 또다시 불편한 '카카오톡'의 음이 반복적으로 들려왔다. 집에 들어가기 싫다는 민호에게 "엄마가 그런 식으로 말해서 들어가기 싫겠구나. 생각하는 시간을 가진 다음에 들어가. 그래도 힘들면 선생님 집으로 와"라고 말하고 다시 당부했다. "길거리를 배회하면 자꾸 나쁜 생각이 들 수 있어. 네가 무엇을 하든, 누가 뭐라고 하든, 선생님은 중학교 2학년 순수했던, 선한 웃음으로 나의 발이 되어주었던 그때를 잊지 않을 거야. 넌 제자리로 돌아올 수 있어!"

전폭적으로 지지한다는 느낌으로 쓸 수는 없었다. 우회적으로 돌려서 말했다. 평상시 나의 글투가 아니어도 잠시 내려놓고 싶어서 그렇게만 썼다. 그날 민호는 답이 없었다.

다음 날 민호의 카카오톡 답장이 왔다. '지식iN'에 물어본 한 장의 캡처본을 보낸 것이다.

"선생님, 이렇게 써서 올렸어요…."

Q. 오토바이 무면허, 음주, 역주행을 한 미성년자입니다. 처벌 기준이 어떻게 되나요?

고등학교 1학년 남학생입니다. 오토바이를 훔쳐서 역주행하다가 경찰한테 잡혔습니다. 그 당시 저는 음주상태라 도망가는 것이 맞다고 생각했습니다. 오토바이를 훔친 것도 잘못한 것 맞고 음주에 역주행에 미친 짓이죠. 이렇게 세 가지가 겹치면 소년원에 들어가나요? 처벌이 세게 나오나요? 도와주세요.

아, 다시 원점이었다. 너무 힘들게 하는 민호의 손을 놓고 싶어서 이제는 그만 연락이 왔으면 좋겠다고 생각하고 있을 때였다. 그때 민호에게서 날라온 캡처본은 "선생님, 저 좀 봐주세요! 선생님밖에 없어요"였다. 다시 중학교 2학년 민호를 잡아주었던 그때로 돌아가야 하는 원점이었다. 중학교 2학년 그때 그 비밀 문자가 다시 폭포수처럼 가슴에 쏟아져 내렸다.

"아빠가 엄마를 때리면 말릴 수가 없어요. 무서워서 그냥 집을 나와 버려요. 길에는 나 같은 아이들이 있어요. 편하게 술 마시고 담배 피우는 아이들, 그 아이들이 저를 위로해줘요. 그 위로라는 것이 오토바이를 타고 달리는 거예요.

그러면 다 잊을 수 있어요."

아직도 나는 '네가 무엇을 하든, 누가 뭐라 하든, 네가 옳다'라는 소신에서 흔들리지 않는다고 쉽게 말할 수 없다. 하지만 톨스토이는 말한다. '내가 이해하는 모든 것은 내가 사랑하기 때문이다.'

"그래, 민호야 네가 원하는 공감의 깊이까지 가주마."

수능 스케치

(3장 도희와 고3들의 이야기입니다.)

2019학년 대학수학능력시험이 15일 도내 103개 시험장에서 치러졌다. 경기남부경찰청은 104곳을 수험생 태워주기 장소로 지정했고 인천경찰청은 55곳에서 경찰 오토바이와 순찰차로 수송 작전에 나섰다. - OBS

수능 날 아침, 뉴스를 보고 있는 눈이 시큰거렸다. 이날을 위해 나와 3년을 동고동락했던 고3들을 떠올리며 휴대폰으로 수능 시간표를 확인했다.
'곧 1교시가 끝나겠네.'

이날 수능 1교시 국어 영역은 오전 8시 40분부터 10시 정각까지 80분간 치러졌다. 2교시 수학가형 결시율은 7.72%, 수학나형 결시율은 10.45%, 3교시 영어는 10.79%로 집계됐다. - 경남일보

'국어가 어려웠나, 2교시 결시율이 높네…'
인터넷 기사를 확인하고 다시 기도했다. 아이들 시험시간에 맞춰 기도한다는 각오로 손을 모았지만, 수능 전날 예비소집의 피로와 아침 일찍 일어나 아이들 도시락을 준비했던 피로가 겹쳐 어느새 잠이 들었다.

"엄마 오지 말라고 해주세요, 절대로! 선생님이 수능 장까지 태워다 주셔야 해요."
"아빠랑 가면 떨릴 것 같은데…"
…

…

"제대로 공부한 거냐?"
"넌 왜 그렇게 조심성이 없어?!"

누가 한 말인지 기억이 나질 않는 아득함에 잠을 물리치려고 애썼지만 꿈꾸듯 대화했다.
"긴장감을 조성하지 마세요. 긴장하면 더 못 봐요!"
…

"선생님, 국어 1등급이에요!"

"선생님, 어떡해요. 배 아파서 화장실 갔는데 수험장 문이 안 열려요!"

…

"내가 열어줄게!"

긴장했나 보다. 내가 더 긴장했나 보다. 더 간절히 기도했다.

제발 실력대로만 보게 해달라고, 실수하지 않고, 배 아프지 않고, 떨지 않기를.

수능 D-day 100

백일주(酒)를 먹는 학생, 카운트다운을 셀 수 있는 탁상용 달력을 구입하는 학생, 기도 노트를 쓰는 학생, 그리고 여름방학 동안 놓고 있던 정신줄이 돌아온 학생들이 있다. 이때부터는 시뮬레이션을 시작한다. 수능 시간표에 맞추어 몸의 바이오리듬(인간의 행동에 영향을 주는 것으로 여겨지는 체내 작용의 변화 패턴)을 만들기 위함이다.

수능 100일을 앞두면, 공부의 양이나 방법 못지않게 중요한 것이 '시간 관리'이다.

‖06:00~09:00‖ 공부 시작 3시간 전 기상해서 가벼운 운동하기.

special. 식단 조절

유지류 식단은 지양, 탄산음료 No, 100일 동안 아침 식사는 체질에 맞는 식단으로 하되 화장실을 유도하는 음식은 피하도록 했다.

‖09:00~12:00‖ 집중력 가장 높은 시간대! 취약과목 보완하자!

special. 비타민을 비롯해 집중력에 좋은 영양제 먹이기.

‖12:00~18:00‖ 집중력이 떨어지는 시간대! 오답노트를 활용하자.

special. 수능 날짜가 다가올수록 저녁 식사 후에 늦은 시간까지 공부시키는 것보다, 천천히 수면시간을 늘려가면서 뇌가소성에 좋은 음악을 틀어주고 명상을 하거나 수능장 시뮬레이션(수능장과 비슷한 환경 조성)을 통해 마치 그곳에 앉아 있는 느낌을 갖도록 유도했다. 긴장감을 완화하는 탁월한 작업이 될 수 있다.

‖늦은 밤‖ 탐구 과목 공부하기!

special. 잠자기 직전에 휴대폰을 보는 것은 그날의 공부를 다 잊겠다는 심보이다. 외웠던 내용이나 틀렸던 문제가 있는 책을 머리맡에 두고 한 번 더 보고 잠들면 오랫동안 뇌에 남아 있게 된다.

수능 100일 전부터 만들어진 습관은 아이들이 평정심을 유지할 수 있도록 도와주었다.

수능 D-1

수능 전날, 예비 소집일이라 시험을 치를 학교를 다 같이 탐방했다.

공부방으로 돌아오는 길, 앞자리에 앉은 도희를 제외하고 뒷자리 고3들은 이미 지쳐서 자고 있었다.

"도희야, 떨려?"

"조금요. 근데, 빨리 지나갔으면 좋겠어요. 내일을 위해 3년을 공부했네요. 으, 지겨워."

"정말 고생했다. 마지막 만찬 하러 가자! 원기 회복하고 일찍 자자! 꼬리 무는 생각은 짧게 하고, 학습 내용은 뇌에 박고! 아자자!"

목소리 큰 선생님의 호령이 뒷자리 학생들의 긴장세포를 다시 살려 놓았다. 깨우지 않아도 일어났으니.

특대 갈비탕을 시켜놓고 우리는 말이 없었다. 아이들은 뜯으라는 갈비는 먹지도 않고 몇 숟가락 국물을 뜨더니 한숨을 쉬며 수저를 내려놓았다. 수능이란 게 그렇다. 단 한 번의 기회밖에 없는, 시뮬레이션을 그렇게 해도 떨리는 무서운 시험이다.

"얘들아, 뭐가 제일 두려워? 망칠까봐?"

"아니요."

"그럼?"

"부모님들의 기대요."

역시나, 우리 아이들은 기대를 저버리지 않았다. 지나가듯 묻는 위로의 질문에 심리학적 답변을 해야 하는 심오한 답을 하다니.

"같이 살면서 숱하게 말했잖아. 잘해왔고, 잘하고 있고, 잘해낼 거야!"

"엄마 아빠가 그런 말을 해줬으면 좋겠어요."

"누가 뭐라 하든, 내가 안다! 너희들은 진짜 열심히 공부했고 수능 이후에 실컷 놀 자격, 충분히 있어! 뭐하고 놀 건지 행복한 상상하면서 가자!"

수능 당일 – 나의 마음이 너희에게 가 닿기를

한국교육과정평가원의 2019학년도 수능 채점 결과 발표에 따르면 입시기관들의 가채점에서 예상했던 대로 국어 영역을 비롯해 전반적으로 어려웠던 불수능이었습니다. - KBS
(불수능: 언어영역, 수리영역, 외국어영역, 탐구영역 모두 어려운 대학수학능력시험을 뜻함. 반대말은 물수능임.)

물수능, 불수능이 고3 학생들에게 적용되는 영향력은 상대적이다. 영어와 한국사를 제외하면 상대평가이니 잘 볼 놈은 잘 본다. 그 잘 본 놈이 내 아이들이기를 이기적으로 바라고 또 바랐다.

공부방에서 가채점을 하고 마지막 인사를 하고 떠나는 학생들 틈에, 고개 숙인 도희가 울고 있었다. 생각보다 못 나온 점수 때문에 자책하다가 말했다.

"선생님, 죄송해요…."

"선생님이 말했지! 과정은 지켜보지만 결과는 신경 안 쓴다고. 네가 뭐가 미안해! 최선을 다했고, 불수능인데 이 정도면 잘해낸 거야!"

탄력성이 좋아진 도희는 이내 울음을 멈추고 흐트러진 머리를 질끈 묶고 자리에서 일어났다.

가져갈 짐이 너무 많았다. 3년의 세월을 트렁크에 담고 그것도 모자라, 아빠의 차로 몇 번의 왕복 끝에 모든 짐을 다 뺐다. 도희가 할머니에게 마지막 인사를 드리고 머뭇거리고 있었다. 나는 마지막도 아닌데 예의 차리면서 인사하기 싫었다.

순간 '가야 할 때가 언제인가를 분명히 알고 가는 이의 뒷모습은 얼마나 아름다운가'라는 이형기 시인의 시, '낙화(落花)'의 한 대목이 뇌리를 스쳐갔지만, 나는 진지한 선생님이 아니었다.

"잘 가! 도희야!"

"네!"

이거면 됐다. 대문을 닫는 소리가 들릴 때까지 숨죽여 있다가 어린아이처럼 오열했다. 놀라서 나오는 엄마도 오늘은 이해하신다는 얼굴로 돌아섰다.

그리고 마지막으로 기도했다.

"애들아, 수고했다. 사랑한다, 사랑한다. 이 마음만 너희에게 닿기를…."

유별나다고 했습니다. 부모보다 더 독하다고 했습니다. 이렇게 수능을 준비해주면 누구나 서울대 갈 거라고 비아냥거리기도 했습니다. '누가 뭐라 하는' 상황이 우리 아이들뿐 아니라 제게도 늘 있는 상황이니 다르게 보는 시선 따위는 아프지 않았습니다. 다만 나를 믿고 따르는 아이들을 위해 최선을 다해주고 싶었습니다.

"내 나이가 어때서?"

(3장 하은이의 사랑 이야기입니다.)

두 입술 꼭 깨물고 용기 낸 그 말
커피 한잔에 빌린 그대를 향한 나의 맘
보고 싶었단 말 하고 싶었죠
그대도 같나요
- 가수 폴킴, '커피 한잔 할래요'

포커페이스(Poker Face)

속마음을 나타내지 아니하고 무표정하게 있는 얼굴. 포커 게임을 할 때 갖고 있는 카드의 좋고 나쁨을 상대편이 눈치 채지 못하도록 표정을 바꾸지 않는 데서 유래한다.

사람이 포커페이스를 유지한다고 해도 숨길 수 없는 표정이 있다고 한다. 바로 사랑을 막 시작할 때의 얼굴이다. 맞는 말이다. 누군가를 좋아한다면, 누군가를 사랑하고 있다면 얼굴과 몸이 먼저 반응하니까.

[선생님 오늘도 수고하셨습니다. 파이팅~♥♥♥♥♥]

수업을 끝내고 나간 하은이의 문자다.

'이 자식은 늘 하트가 많아.'

[오냐. 너도 애썼다~♥]

답장을 보내고 자습하고 있는 학생들을 둘러보았다. 고등학교 2학년 남학생이 휴대폰을 들여다보면서 배시시 웃고 있었다.

"윤준형! 책을 봐야지. 핸드폰 보면서 웃을 시간이 어디 있어?!"

혼내고 나니 나의 '촉'이 발동했다. '저거, 저거! 여자 문자 같은데!'

다른 학생들보다 고등학교 2학년 하은이와 준형이는 공부방에서 공부한 시간이 길지 않았다. 게다가 공부방에 들어올 때, 그 둘은 낮은 등급을 나에게 선물로 안겨주면서 말했다.

"선생님, 저희 성적도 올려주시면 인정할게요! 짱! 짱이라고!"

"좋아, 잘 따라오기만 해. 다른 학생들보다 시간은 두 배. 7일 수업! 엉덩이에 땀띠 날 만큼 앉아 있어보자! 그리고 마지막 조건! 휴대폰을 2G로 바꿔!"

그렇게 시작한 수업이었다. 2G로는 할 수 있는 게 별로 없다. 늘 가방 속에 처박아 두었던 2G 휴대폰이 준형이의 왼손에 들려 있었다. 오늘은 배시시 웃으며 다가왔다.

웃으면서 말했다. "선생님, 커피 드실래요? 사드릴게요." 과잉 친절이다. 불길했다.

비도 오고 그래서
네 생각이 났어
생각이 나서 그래서
그랬던 거지
별 의미 없지
오늘은 오랜만에
네 생각을 하는 날이야
- 가수 헤이즈, '비도 오고 그래서'

비 오는 날이면 수업을 진행하기가 어려워지곤 했다. 나의 공간은 일대일 수업이 아니라 공동체 수업이라서 로테이션으로 수업을 받고 각자의 자리에서 자습을 하고 있어야 하는데, 하늘에서 내리는 비가 한 명의 학생을 감성으로 물들이면 '전염병'처럼 다 우울해졌기 때문이다.

"선생님, 우리 노래 한 곡 듣고 다시 공부해요!"

준형이었다. 성적을 올려야 한다는 의무감으로 밀착 케어하고 있는, 우선 순위 준형이 말이다.

"오, 좋아요! 음악 틀어주세요!"

"와! 감성 타임!" 아이들은 이미 준형이에게 한 표씩 행사했다. 음악을 틀어 주지 않으면 매정한 선생님이 될 것 같았다. '비'와 관련된 노래들을 재생해주자 준형이가 하은이랑 눈빛 교환을 했다. 그리고 둘이 얼굴을 보고 웃었다. 아이들 용어로 '빼박'(빼도 박도 못한다=맞다)이다.

'이놈들, 사귀네!'

염려하는 부모님을 설득한 건, 나의 개방적 성격도 있지만, 연애하면 성적 이 떨어진다는 궤변 따위에 코웃음 칠 수 있는 강단이 내게 있기 때문이다. 그 리고 그 둘은 너무도 잘해냈다, 연애하면서 공부하는 두 가지 역할을. 문제는 이 둘을 지켜보는 후배들의 질투심이다. 내가 더 많이 상담하고 더 많이 힘들 어했던 부분은.

"언니가 부러워요. 오빠랑 사귀면서 어떻게 그렇게 등급을 올릴 수가 있 죠?"

"선생님, 저도 연애하고 싶어요…."

"선생님, 놀이터에서 형이 누나를 안고 있던데요."

가장 통속적인 인간 세상에서 가장 세속적인 "저도 사귀고 싶어요"라는 단어가 전염병처럼 돌고 있는 것이다.

심지어 학부모 상담에서 힘들었던 것은 "선생님, 공부방에 고3 커플 있다면서요? 왜 막지 않으셨어요? 분위기 잡을 수 있겠어요?"라는 말로 나의 실력과 아이들의 개인사를 구별하지 않는 우려를 들을 때였다.

"어머니, 고3 커플이 우리 공동체의 분위기를 깰까봐 걱정하는 것이, 단지 기우에 불과하다는 것을 보여드리겠습니다"라고 안심시켜드리고 보냈지만, 공부 분위기와 아이들의 감정의 분위기를 잡아주는 두 가지 역할이 버거워지기 시작했다.

낙인 효과

어떤 사람이 나쁜 사람으로 낙인(烙印, Stigma)찍히면 그 사람에 대한 부정적 인식은 사라지지 않는다는 이론.

나의 공간, 옆방 교실에서 수학 선생님과 여학생들의 웃음이 흘러나오고 있다. 수업을 끝내고 나온 여학생들은 각자의 자리로 돌아가 숙제를 하거나 수행평가를 하기 시작했다. 그때 내 눈에 포착된 것은 세연이의 얼굴이었다.

2G 휴대폰을 들고 문자를 작성하는 그 여학생이 배시시 웃는다. 불길했다. 친구나 가족에게 문자를 보낸다면, 문자 작성 후에 바로 2G 휴대폰을 던져놓던 아이였다. 왼손에 휴대폰을 들고 공부를 시작했다. 불길했다.

야 야 야 내 나이가 어때서
사랑에 나이가 있나요
마음도 하나요 느낌도 하나요
그대만이 정말 내 사랑인데
- 가수 오승근, '내 나이가 어때서'

'사랑을 하면 얼굴 표정을 숨길 수가 없다. 사랑을 하면 몸의 기울기가 다르다. 사랑을 하면 상대방의 행동을 거울효과처럼 [미러링] 하게 된다.'

내가 해준 말이다, 아이들에게.

고등학교 여학생 세연이가 달라 보였다. 수학 선생님의 말투, 심지어 왼손에 젓가락, 오른손에 숟가락을 들고 밥 먹는 습관까지 닮아갔다. 얌전했던 여학생이 거칠고 유머러스한 수학 선생님의 말투를 그대로 옮기기까지.

안 되겠다. 세연이와 안방토크를 했다.

"세연아, 안방으로 들어와봐."

"네, 선생님. 제가 뭐 잘못한 거 있나요…?"

"선생님이… 물증 뭐, 이런 거 있을 때까지 기다렸다가 대화하기에는 마음이 좀, 급해…. 너 수학 선생님 좋아해?"

세연이가 당황했다. 그리고 수학 선생님 말투를 닮은 답변 끝에 던지는 마지막 말이, 아직까지도 잊히지 않는다.

"나이 차이가 중요한가…"

읊조리는 말투, 존댓말인지 반말인지 모를 말투였다.

"응? 크게 말해봐. 괜찮아."

"선생님, 사랑하는 데 나이 차이, 중요해요?"

"나이 차이, 중요하지 않지. 내가 중요하게 보는 건, 네가 머물고 있는 공간이 공동체고 네가 좋아하는 분은 너를 가르치는 선생님이라는 거지."

"그게 어때서요? 제 나이가 어때서요? 선생님 나이가 어때서요?"

평상시와 다르게 어른 흉내를 내는 세연이의 말투에, 이미 나는 괜찮지 않았다.

"진정해봐. 사랑이라는 단어가 아름다운 단어이기는 하지만 학생들을 모아놓고 공부를 가르치는 이 공간에서는 사적인 영역을 최소화하고…"

"그럼, 준형이 오빠랑 하은이 언니는 왜 허락하셨어요?"

나올 수 있는 질문이었다.

'동갑이니까, 믿으니까'라는 단어보다 더 좋은 답변이 없을까 고민하고 있는 내게 세연이가 속사포처럼 말을 쏘아대며 나를 궁지로 몰아넣었다.

"공부방에서 조용히 있을게요. 티내지 않을게요. 밖에서만 만날게요. 수학 점수 잘 나오는 것으로 보답할게요!"

"세연아, 이 문제는 시간을 갖고 대화를 하자. 부모님이 허락하시지도 않을 거야."

"선생님을 좋아한다는 것이 '죄'는 아니잖아요?"

그 순간 세연이에게 '주홍글씨'의 낙인 효과를 설명해야겠다고 마음먹은 것이 '죄'라는 단어의 민감함 때문이었나. 그때는 그렇게 상담하는 것이 최선인 줄 알았다.

"세연아, 네가 누구를 사랑하든, 그로 인해 아픔을 가지고 살든, 행복하든 네가 결정할 몫이야. 그래도 너를 지켜본 선생님의 마음으로 조언한다면, 네가 다른 사람들 눈에 낙인이 찍히질 않았으면 좋겠어. 낙인이라는 것이 네가 의도 하든 안 하든 다수가 보는 시선이잖아. 나는 세연이에게 '선생님과 사귀다가 공부방 나간 아이'라는 수식어가 따라다니지 않았으면 좋겠어. 아직 수능까지 갈 길이 먼데, 너의 감정을 조금만 더 객관적으로 보자. 시간을 줄게. 《주홍글씨》 알지? 같이 읽었잖아."

"네…"

"주인공 헤스터 부인의 가슴에 A가 Adultery, 간통이라는 뜻으로 낙인이 찍혔지만 훗날 A가 Able의 의미로 바뀐 것도?"

"네, 기억나요."

"비유가 극단적이어도 할 수 없어. 선생님은 책임이 있어. 너를 이곳에서 가르치는 동안은 학생의 신분으로 공부에 우선순위를 두게 할 의무가 있다고. 조금만 더 생각해보자… 다시 대화할 때까지 노트에 써봐. 객관적으로! 진짜 사랑하는 건지, 매일 공부만 해서인지, 만날 수 있는 남자가 그분밖에 없어서인지.

네가 무엇을 하든, 누가 뭐라 하든, 나는 네가 옳다

자세히 기록해봐! 다시 대화하자."

달이 차면 기운다고 했던가. 끝없이 힘들게 했던 세연이는 가족의 만류와 주위의 고정관념이라는 낙인이 주는 아픈 진통을 겪고 다시 일어섰다. 그리고 Able, 해냈다. 과거를 거울삼아 더 예쁜 사랑을 할 수 있는 단단한 여대생이 되었다. 가끔 생각난다. 혼자 누워 있는 밤이면 더 생각난다. 사랑 앞에 용감할 수 있었던 하은이와 세연이가.

중국 작가 스얼(十二)은 말한다.
'당신이 생각하지 못한 방식으로 당신에게 다가온 사랑, 그 역시 사랑이라고.'

우리 아이가? 네가?

(3장에 민재의 귀여운 일탈 이야기입니다.)

"학교에서 말 잘 들어라."
"이상한 친구랑 놀지 마라."
"나쁜 거 하지 마라."
"집에 바로 와라."
10대 자녀를 둔 부모들은 이렇게 아침을 시작할 것이다. 2장 민호 이야기에도 등장했지만, 전제가 없는 명령형 충고나 조언은 아이들이 들을 리 없다. 오히려 가슴에 박히는 화살 같은 잔소리일 뿐이다. 설사 명령형 문장들을 부드러운 어조로 말했을지라도 말이다.

친구와 다투고 들어오는 아들, 옷에서 담배 냄새까지 난다면 대부분의 부모는 어떻게 대응할까? 만약 사건이 터진 후에 대응한다면 부모가 갖고 있는 원래의 성격, 즉 숨겨두었던 그림자까지 나타나 말 그대로 일촉즉발의 상황이 연출될 공산이 크다.

"네가 이럴 수 있나?"

"왜 싸웠냐?!"

육아서를 통해 공부했던 부모이거나 본성이 침착하거나, 아들을 신뢰한다면 다르게 대응하기도 할 것이다.

"엄마는 너를 믿어…"

"친구에게 사과하자."

부모들은 원한다. 사춘기는 가볍게 지나가고, 누구나 인정하는 모범적인 학생으로 부모 옆에 있어주기를.

하지만 세상이 너무 많이 변했다. 사춘기는 발달 단계의 일부인데도 '무서운 중2들'에서 '잔인한 10대들'로 사춘기 아이들이 폄하되고 있고, [모범적이다]

라는 문장의 기준이 '전교 1등'이거나 '어른 말을 잘 듣는' 문장으로 표현되어야 맞는지 '학교 규칙을 잘 지키고', '집에 잘 들어오기만' 해도 모범적인지, 정말 어려운 시대에 살고 있다. 이제는 [그저 잘 크기만 해도 감사]인 시대인 것이다.

　　3장에 등장했던 민재는 중학교 2학년 어느 날, 아프다고 조퇴를 했다. 그리고 집에서 페이스북으로 사진 한 장을 게시했다. 같은 시간, 반에서 몰래 휴대폰을 하던 친구가 담임 선생님에게 걸리고 휴대폰을 압수당했다.

　　"수업 시간에 휴대폰 했냐? 뭐했냐? 비번 풀어봐라."

　　그 압수당한 친구의 휴대폰 안에는 민재가 올린 게시물이 있었다. 아프다고 조퇴한 민재가 올린 사진은, 참이슬, 소주병 사진이었다.

　　아프지 않았던 민재는 친구들에게 집에 있던 소주병을 사진으로 올렸고, "나 술 마신다"라고 아이들이 표현하는 허세용 사진을 올린 것이다.

　　화가 난 담임 선생님은 민재의 어머니와 통화를 했고, 그 일로 적잖이 충격을 받은 민재 어머니는 감정을 억누른 상태에서 민재와 부드럽게 [잘] 마무리했다고 했다.

　　그런데, 이 부분만 전해 들었을 때는 민재가 문제를 일으킨, 꾀병을 부려서라도 술을 마시고 싶은 아이로 들렸다.

　　같이 살면서 우연하게 일탈이라는 주제로 대화를 하다가 넌지시 물어봤다.

"민재야, 그때 정말 아파서 조퇴했어?"

"아니요. 그때는 선생님이 말씀하신 호르몬이라는 게 왕성했나 봐요. 괜히 짜증나고 공부도 하기 싫고, 그래서 조퇴했고, 근데요 선생님, 남자애들이 약간 그런 게 있어요. 하지 말라고 하는 거 해보는 짜릿함. 하지 말라고 하면 더 하고 싶은 심리, 뭐 그런 거요."

"그니까. 요즘 찬민이도 보면 안 하던 짓 하더라. 바지에 손 넣고 걸으면서 다리는 쩍벌(다리를 과하게 벌리고 앉는)로 앉고, 머리를 계속 넘기면서 공부하 던데 이런 게 너희가 말하는 허세라는 거야?"

민재가 웃으면서 말했다.

"그건, 귀여운 허세죠. 잘 보이고 싶은, 나를 좀 봐달라, 이 정도요."

"그럼 네가 조퇴하고 소주병 사진을 올린 이유는 어떤 허세에 포함되는 거야?"

민재는 이런 대화가 재미있는 모양이다. 당당하고 씩씩하게 설명해주고 있 었다.

"일단 학생 신분으로 해서는 안 되는 것들을 하는 허세죠. 사실 남자답게 보이지도 않고, 어른 된 다음에 해도 무방하지만, 귀가 따갑게 하지 말라고 하 니까 한번 해본 거죠 뭐."

"그럼, 지금은 후회한다는 거야?"

네가 무엇을 하든, 누가 뭐라 하든, 나는 네가 옳다

"그게 조금 어려운데요. 엄마를 실망시켰다는, 걸리지 않고 넘어갔으면 엄마가 걱정하지 않았을 텐데…, 그 부분은 후회가 되지만, 제가 술을 엄청 먹고 학교를 안 가거나, 싸우거나, 이상한 짓을 한 거는 아니니까 후회하지는 않아요."

좀, 멋있다. 말도 잘한다. 일탈의 의미를 정확히 알고 있었다.

"그니까, 학교의 규칙을 어기지 않고, 가족에게 상처를 주지 않는 학생인데, 그때는 소주가 먹어 보고 싶었고, 사진 올려서 허세도 부리고 싶었다는 거지?"

"네."

"그럼 지금은, 1년이 흐른 지금은 어때?"

머리를 쓸어 넘기며 선생님이 자기를 믿고 물으니 더 멋있게 이야기해보겠다는 얼굴로 답했다.

"그게요. 책을 읽고, 공부 열심히 하는 선배들과 대화를 많이 하다 보니까, 좀 멋진 인생을 살고 싶다는 생각이 자주 들어요. 그래서 굳이 그런 사진을 연출할 상황들을 만들고 싶지 않고요. 그냥, 생각하면 귀여워요."

"네가?"

"네!"

"이번 여름방학에 탈색하고 싶다고 했잖아? 그것도 귀여운 일탈이야?"

"하하, 학교 가지 않는 방학을 이용해서 내 머리에 노란색 염색을 한다는 것이 일탈은 아니죠!"

"그럼 뭘까?"

"자기만족!"

'헉…'

　　1시간만 대화해도 이렇게 생각이 깊다. 아이와 잘 대화하고 싶은 부모들은 대화를 리드하기 위한 방법을 기존의 책이나 TV를 통해서 익숙하게 알고 있을 것이다. 그래도 강조한다면, 우리 아이들은 몰아붙이지만 않아도 거짓말이나 변명으로 상황을 모면하려 하지 않고 의외의 진지한 대답을 할 수 있다. 느린 호흡으로 물어만 보아주어도 '소주 마시는 아이, 담배 피는 아이, 일탈하는 아이'에서 '잠깐 해본 아이, 경험하고 성찰한 아이, 해보니 쓸데없다고 말하는 아이'로 바뀌어 있을 것이다. 청소년 문화를 검색해보면 비행문화, 미성숙한 문화, 저항문화라고 표현되어 있다. 나는 이렇게 명명하고 싶다. Must Wait 문화라고. 어떻게? Must Wait without anger. 화내지 않고 기다려야 한다.

—

　　2장과 3장의 사례들을 통해, 교과서보다 책을 더 좋아하는 아이, 극단적인 사고를 치면서 방황하는 아이, 하고 싶은 말을 몸으로 표현한 아이, 이중적인 부모의 언어를 너무도 싫어했던 아이, 아픈 말은 못하는 배려가 몸에 밴 아이들을 소개했습니다.

어떤 학생들은 성공한 아이, 모범적인 아이로 읽힐 수 있는데, 절대 그렇지 않습니다.

기존의 사춘기 아이들을 지도하는 방법을 '줄글의 형태로 소개'한 책들과 달리, 사례를 직접 [스토리텔링] 해서 풀어냈던 이유는 [따옴표] 안에 숨어 있는 '진짜 속마음'을 읽어주기를 원했기 때문이고, [따옴표]로 표현했던 그 아팠던 아이들 모두가 지금은 잘 살아가고 있다고 말하고 싶어서입니다.

3장에 등장했던 아이들 중 일부를 4장에 에피소드로 다시 배치하면서 4장의 장 제목을, 책의 제목인 '네가 무엇을 하든, 누가 뭐라 하든, 나는 네가 옳다'라고 쓴 이유는 이렇습니다.

'교과서로 복습을 하면 안심이 되는' 부모님을 [교과서 아닌 책]을 통해 이해하게 되어서 지금은 부모님과 잘 지내고 있고, '자해를 통해 자기의 존재를 드러냈던' 아이를 더 이상 방치하지 않는 부모님이 계셔서 아이는 [더 잘 살아야겠다] 결심하게 되었고, '상상할 수 없는 사고'를 치는 아이가 [법의 심판]을 받고 뉘우치는 그 과정이 모두에게 귀감이 되고 있고, '여전히 갈등이 있는 이중적인 엄마'에 대해 [자기진단]과 [심리적 치료]를 스스로 하고 있어서 부딪치는 횟수를 줄이고 있고, '아픈 말은 못하는' 배려가 몸에 밴 아이들은 [소신은 굽히지 않는] 당당한 아이들로 성장했으니, 먼저 살아서 경험이 많은 어른들이 잡고 있는 손을 놓지만 않는다면 아이들은 '옳은 자리'로 돌아온다는 취지에서 '네가 옳다'라고 확신했습니다.

이제 '네가 무엇을 하든'을 하는 아이들에게 '누가 뭐라 하는' 손가락질 하는 자리에서 벗어나기를 간절히 바랍니다.

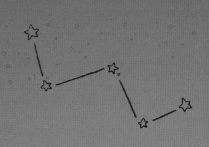

5장

앞으로도 '길고 긴' 동행을
하고 싶다

너의 이야기도 넣어 달라고?

,

누군가의 이야기를 들어 준다는 것에 대하여

2장의 두 번째 주인공 하율이는 말했다, 선생님 공부방은 나미야 잡화점 같다고. 좀도둑 3인방이 우유배달통에 들어 있는 편지에 답을 해주면서 시작되는 '힐링 에세이' 같은 히가시노 게이고의 소설 《나미야 잡화점의 기적》. 생각해 봤다. 아이의 눈에 비친, 고민을 털어놓고 들어 주는 나의 역할이, 잡화점 주인과 닮아서일까? 아니면, 완벽한 답을 주지 못하는, 그래서 고개 숙인 아이들에게 스스로 헤쳐갈 기회만 주는 나의 공간이 작품 속 잡화점과 닮아서일까?

남편도 아들도 그 어떤 것도 내마음대로 되는것 없는데
아들의 미래를 너가어찌 다 행할걸수 있겠느냐
어제 본 나미야 잡화점의 기적 처럼
넌 누군가의 나미야로 살고 본다면 기도자로 남자
지금처럼 고뇌하구 후원하구 사랑하면서 단,
너가 바꾸려하지말자 흘러가는대로 지켜볼, 그저
지켜봐야 할 시기도 있다.

〈나미야 잡화점의 기적〉 영화를 보고 온 후 완벽한 답을 주려고 애쓰기보다는 있는 그대로 지켜보는 것, 방관이 아닌 진정한 자유를 주는 것도 답이 될 수 있겠다 싶었습니다.

하율이가 검정고시로 수능을 준비하고 있는 2019년 봄, 하율이의 동생 13살 하영이가 2년 만에 나의 공간으로 다시 왔다. 하영이 역시 검정고시 수업을 받기 위해서 상담을 받으러 온 날, 엄마를 닮아서 예쁜 하영이는 "선생님 여전하시네요"라고 운을 뗐다.

역시, 살이 쪘다는 건가. 역시, 예쁘다는 건가. 어색하게 물었다.

"하영아, 뭐가, 여전해?"

"여전히 누군가와 상담하고 있고, 여전히 먹는 걸 주고 계시네요."

인사치레로 말했다고 보기엔 아이가 나의 공간을 두리번대면서 관찰하고 있었다. 그리고 덧붙였다. "기대돼요, 선생님하고 다시 공부하는 거!"

13살 하영이는 나에게 검정고시 과목의 수업을 듣고 있다.

엄마만 모르는 이야기에 하영이 이야기를 쓰고 싶었지만, 미안했다. 13살 아이가 초등학교 검정고시를 마무리하고 중학교 검정고시를 배우고 있는 시점에 읊조리면서 뱉어내는 그 아픈 이야기들을 책으로 내는 것이.

"선생님, 이제 저를 마지막으로 과외는 안 하실 거예요?"

"응, 예쁜 카페에서 상담해주는 일을 하고 싶어. 과외하면서 상담하는 일이 조금 버겁네."

13살 하영이도 언니처럼 책을 많이 읽었다. 지금도 엄마의 눈을 피해, 나의 공간에 있는 책을 쉬는 시간마다 찾아 읽는다.

슬픈 문학집을 읽다가 또르르 눈물을 흘리기도 했고, 책을 읽는 척하다가 옆 테이블 선배들의 떡볶이 파티에 힐끔대기도 했고, 공부하다가 사적인 질문을 해놓고 그날 배운 내용보다 사적인 질문의 답만 기억하고 갔던 예쁘고 맑은 아이, 그 아이가 말했다.

"선생님, 제 이야기도 써주시면 안 돼요?"

"책에? 우리 하영이는 엄마는 모르는 이야기에 쓸 정도로 사례가 많지 않잖아. 그리고, 음⋯."

"선생님, 제가 더, 더! 이야기해줄게요. 제가 겪었던 이야기들, 선생님이 들어만 주셔도 기분이 좋았던 그때 그 느낌도 이야기해드릴게요."

"아⋯."

퇴고를 앞둔 시점, 이미 '엄마는 모르는 이야기'를 마무리한 시점, 눈을 크게 뜨고 하영이는 다시 물었다.

"선생님, 가명으로 써주세요. 책이 나오면 우리 가족은 주지 마세요. 대신 저는 꼭 주셔야 돼요. 제가 힘들 때마다 이 책의 내용을 보고 힘낼 거예요. 그니까 주인공 이름에 저도 들어가게 해주세요!"

괜히 이야기했다, 아이들의 이야기를 책으로 쓰는 이유를. 들어만 주어도 행복했다는 아이들의 이야기, 책을 내는 이유를 물었을 때 '닫힌 길' 앞에서 나의 책이 '등대'가 되길 바라서였다고, 괜히 말했다.

하영이와 나누었던 대화가 결국 하영이의 이야기를 쓰게 했다.

나는 어쩌면 상담하면서 가르치는 일을 놓지 못할 것 같다. 앞으로도 길고 긴 동행을 할 것 같다.

파니니 샌드위치 그리고 아이스 아메리카노

사막에
모래보다 더 많은 것이 있다.
모래와 모래 사이다.
– 이문재, '사막' 중에서

《관계의 물리학》을 쓴 림태주 작가는 이문재 시인의 '사막'이라는 시를 인용하면서 이렇게 말했다. 사이라는 말은 실체가 없다고, 우리는 사막에서 모래를 보게 되지, 모래와 모래 사이를 보지 못한다고. 그리고 덧붙였다. '우리는 친구 사이예요, 우리는 모르는 사이예요'처럼 [사이]라는 단어는 온갖 감정들이 생산되는 잡화공장이라고.

하영이 어머니, 그러니까 하율이 어머니는 5년 전에 만났다. 어머니와 나는 분명 아이들을 가르치는 선생님, 그리고 나에게 과외비를 주면서 아이들을 부탁하는 학부모 사이, 그런 사이였다. 아니, 그런 사이였으면 했다.

하율이를 가르칠 때, "선생님이 상담해주시니 한결 마음이 편한데, 상담료 드려야 하나요?"라는 질문에 "아이고, 커피 한잔이면 됩니다!"라고 답변했었다. 그리고 어머니의 큰딸과 작은딸, 막내딸을 가르치면서 참 많은 커피를 마셨었다. 그리고 오늘 파니니 샌드위치와 아이스 아메리카노를 들고 하영이와 함께 들어오셨다. 긴 상담을 요한다는 신호인 것이다.

"선생님!"

여전히 예쁜 어머니와 엄마보다 더 예쁜 하영이가 들어오자 나는 어머니의 손부터 확인했다. 샌드위치 봉투, 그리고 커피.

'아이구야, 오늘 수업 전에 긴 이야기를 나누겠네. 수업 끝내고 글 써야 하는데…'

라포(Rapport)란, 상담이나 교육을 위한 전제로 신뢰와 친근감으로 이루어진 인간관계이다. 상담, 치료, 교육 등은 특성상 상호협조가 중요한데 라포는 이를 충족시켜주는 동인(動因)이 된다. 라포를 형성하려면 타인의 감정, 사고, 경험을 이해할 수 있는 공감대를 형성하기 위해 노력해야 한다.

시작은 늘 라포가 먼저다. 가끔은 상담의 목적보다 라포가 길어서 문제지만. 살아온 이야기와 어머니의 관심사인 외모 가꾸기로 대화를 열었다. 그때 하영이가 사인을 주었다. 자기와 나누었던 이야기들 중에 엄마에게 전해주었으면 하는 이야기가 있기 때문이었다.

"하영아, 너는 선생님하고 하는 대화 듣지 말고 잠시 자습하고 있어. 선생님, 하영이가 거뜬히 통과하겠죠?"

안심시켜드리고 싶었다. 아니, 하영이는 충분히 잘하고 있었다.

"중졸 과정이라 초등 때처럼 쉽지는 않지만 마무리 중이에요. 잘해낼 거예요."

그리고 어머니는 온갖 감정의 잡화를 풀어놓았다. 옆에서 하영이가 안절부절못하고 있었다.

'후, 말하자. 심호흡…!'

"어머니, 이번에 하영이 검정고시 끝나면, 하영이가 하고 싶은 게 있대요!"

"네, 뭐라고 하던가요?"

"여행 가고 싶대요. 그동안 가족이 다 바빠서 가족여행 못 갔다고 하던데."

"지금은 그럴 상황이 아니에요. 하율이가 곧 수능을 치르고, 아시잖아요, 저희 상황?"

실패했다.

"참, 어머니, 하영이가 또래보다 어른스러운 거 아시죠?"

이 이야기는 하율이 때도 했다. 하율이와 하영이는 닮아 있기 때문이다.

"알죠. 또래와 다른 길을 걷고 있지만 한 번도 불평하지 않더라고요."

"그런데, 하영이가 수업하다 보면 '이상한 버릇'이 있어서 어머님하고 같이 의논하고, 하영이 마음 편하게 해주었으면 해서요."

"어떤 버릇이요? 공부하다가 엎드리는? 아니면 강아지랑 놀던가요?"

"아니요. 음, 죄송하다고 말하면 안 되는 상황인데 늘 '죄송해요'를 말해요. 예를 들면, 하영이가 공부하다가 연필을 떨어뜨렸어요. 저는 자연스럽게 '하영아, 연필 떨어졌네'라고 말해도 '죄송해요' 그리고 '하영아 네가 소리 내서 외우다 보니까 목말라 보이네. 물 마시고 해!'라고 말하면 "아, 네, 물 마시고 올게요! 죄송해요'라든지, 그래서 지난 시간에 좀 길게 상담했어요."

"그니까 이유가 있다는 거죠? 뭔가요 선생님?"

2년 전보다 부드러운 목소리였다. 나의 상담의 결과를 수용한다는 눈빛이다. 많이 변하셨다. 이 정도의 상담의 자세는 조언하는 나를 행복하게 했다. 분명 하영이를 다르게 대해주실 테니까.

"네, 이유가 있더라고요. 엄마, 아빠가 언니들과 대화할 때 멀리서 지켜보면서 결심한 게 있대요. 말대꾸하는 것보다, 하고 싶은 말을 참고 '죄송해요'라고 말하면 훨씬 빨리 싸움이 마무리되는… 그걸 알아냈대요. 그래서 자기는 '죄송해요'라는 말이 편했대요. 학원 선생님들도 '죄송해요'라고 말하면 '예의 바르구나' 했대요. 근데, 어머님도 아시겠지만 하영이는 아직 어린데, 발산하고 싶은 말들 참아가면서 상황에 맞지 않게 '죄송해요'라고 하는 것이 아이에게 어떻게 작용하고 있는지…."

"아, 맞아요! 하영이가 그 말을 자주 써요. 이유가 있었군요. 몰랐어요. 하영아! 이리 와봐."

자습하고 있을 줄 알았던 하영이는 엄마와 선생님의 대화를 듣고, 이미 참고서 위에 눈물을 쏟아내고 있었다.

"왜 울어? 혼내지도 않는데?"

하영이 어머니의 말끝에 이렇게 대답했다.

"선생님이 내 편인 것 같아서, 나를 너무 잘 알아줘서…."

"에효, 하영아! 엄마가 좀 더 신경 쓸게."

하영이 어머니는 나가면서 당부하셨다.

"선생님, 상담 고마워요. 그래도 검정고시가 얼마 안 남았으니까 열심히 하라고 해주세요!"

상담의 내용을 수용하고 적응하는 삶으로 바뀌었다고 해도 어머니의 교육관은 바뀌지 않았다.

나는 막내예요!

어머니가 나가시자 수업으로 바로 들어가기 어려울 정도로 하영이가 멍하게 앉아 있었다.

"하영아, 엄마는 바로 공부하라고 했지만, 힘들면 대화 더 하고 수업할까?"

"죄송해요. 그럼 대화하고 한 시간 더 공부하다가 갈게요."

"하영아 안 되겠다. '죄송해요'라는 말 대신에 하영이가 할 수 있는 말부터 정리해보자. 지금은 상황이 '죄송해요'로 시작하는 게 맞을까?"

"맞을 거 같아요. 저 때문에 수업이 늦어지니까요."

"음, 선생님 의견을 말해볼게. 생각해봐! 선생님이 먼저 대화하자고 제안했다는 것은 수업이 늦어져도 좋다는 거야. 그니까 이럴 땐 '고맙습니다'라고 말하면 선생님 기분이 명쾌할 거 같은데, 어때?"

"아, 네!"

"그니까 앞으로 하고 싶은 말을 억지로 누른 채 '죄송해요', '괜찮아요'라고 하지 말자. 선생님이 맛있는 거 사주면 '이야! 좋아요!' 이건 어때? 사주는 선생님도 덩달아 기분이 좋아질 것 같은데!" 함박웃음까지 보태서 설명해주었다.

"알았어요! 근데요 선생님, 제 이야기를 책에 쓰실 거예요?"

"하영이는, 원해? 사실 하영이 이야기는 큰언니와 작은언니 이야기를 통해서 다 아는데, 둘째언니 이야기도 썼으니까 하영이 이야기를 써야 되나…."

"저는 언니들하고 달라요! 저는 막내예요!"

막내라서 다르다는 외침이 이렇게 어린 나이의 하영이 입에서 왜 나왔을까?

"막내라서, 귀여움 받았다는 거야?"

"물론, 아빠는 저를 제일 좋아하는 것 같아요. 근데요 선생님, 제가 말씀드리고 싶은 것은…."

하영이의 큰언니를 3년이나 지도했다. 둘째언니도 2년이나 가르쳤으니 이미 가족의 이야기나 아이들의 아픔은 다 안다고 자신했다.

"큰언니가 가족을 힘들게 했을 때 부모님이 큰언니를 혼내면, 작은언니는 책을 읽고 있었어요. 저는 너무 어려서 울고 있었고요. 울고 있는 저를 위로해준 건 작은언니, 하율이 언니예요."

"그랬구나. 하율이가 그때도 속이 깊었구나."

"집에서 싸우는 소리가 날 때마다 제가 겁을 먹고 있으면, 하율이 언니가 이렇게 말해줬어요. '하영아 언니 옆에 있어. 너하고 나는 아픔을 같이 나누고, 끝까지 함께할 거야.' 그리고 안아줬어요."

"상실감에 제일 좋은 치료약은 위로와 포옹이야." – 영화 〈빅 히어로〉 중에서

"그때 하영이 마음은 어땠어?"

"소리 안 내고 울었어요…. 저는 막내예요. 큰언니가 반항해서 혼날 때, 작은언니가 책에 있는 문장을 외워서 대들 때, 그걸 지켜보면서 생각했어요. 나는 그냥 시키는 대로 다 해야지. 혼나면 바로 죄송하다고 해야지…."

아, 둘째언니 하율이를 너무 좋아해서 책을 따라 읽었다는 13살 하영이는 하율이와 닮아 있는 말을 하고 있지만 대물림되는 아픔의 현장에서 마음속으로 혼자 결정했던 것이다. '부모님의 싸움의 자리에 그리고 혼내는 자리에 자기만큼은 없어야 한다'고, 그리고 '막내라서 그것을 다 지켜보았다'고 항변한 것이다.

"하영아, 너무 많이 울어서 눈이 부어가네…. 이 상황에서도 다시 공부를 시켜야 하는 선생님 상황이 안타까워."

"아니에요, 괜찮아요. 이 정도 이야기해도 속이 시원해요. 오늘 역사 공부하는 날이죠?"

하영이가 좋아했던 〈빅 히어로〉 영화에서 통증을 숫자로 표현하라고 했던 장면이 떠올랐다.

"하영아, 잠시만. 이제 앞으로 하영이가 힘들 때 이렇게 말해줄래?"

"어떻게요?"

"하영이가 마음이 아프고 힘들다면 그것을 숫자로 환산해보는 거야. 〈빅히어로〉 영화 봤지?"

"네!"

"속상하다는 느낌과 아프다는 느낌이 통증이라면 그 통증이 몇 점인지 이야기해줄래? 그냥 꾹꾹 마음에 묻어두고 '괜찮아요, 죄송해요'라고 말하면 안 돼!"

"네, 해볼게요. 선생님과 저만의 사인이네요?"

"그치, 선생님이 하영이가 멍 때리거나, 눈에 눈물이 차오르면 손을 들어볼게. '오늘은 몇 점이야?'라고 묻는 거지!"

"네! 그럼, 오늘 점수를 물어봐주세요!"

"그래! 하영아, 오늘은 통증 점수가 몇 점이야?"

"음…"

손가락을 들어 올린다. 그 작은 손가락을 꼼지락거리더니 3개를 들어 올린다.

"그럼 약간 톡톡톡 아픈 정도네?"

"아까는 많이 아팠는데 지금은 조금 후련하니까 3점 할래요."

"하영아, 나중에도 힘들면 손가락을 올려서 통증 점수를 생각해봐. 그렇게 아픈 이유를 생각만 해도 나아질 거야. 손가락을 전혀 들지 않는 [통증이 0점]인 상황이 오면 좋겠지만…."

"저도 알아요! 그런 날은 오지 않겠죠!"

"그래, 그럴 수도 있지. 선생님도 '통증 0점'은 없었던 것 같아. 자자! 오늘 역사는 일제 강점기 할 차례네? 네가 잘하는 부분이야. 1910년부터 1919년까지가 어떤 통치?"

"무단통치!"

———

막내라서 모든 것을 다 지켜봤다는 하영이가 씩씩하게 검정고시 수업을 받고 갔습니다. 엄마도 아픈 사연이 있으니 참는다는 아이, 언니들의 반항도 이해가 된다는 아이, 저는 그렇게 어른스런 말을 하는 하영이가 대견하지 않았습니다. 전혀 예의 바르지 않았습니다. 2년 전에도, 지금도 하영이는 변하지 않았습니다. 여전히 어른들 사이에서 눈치를 보고, 좋아하는 말을 해주어야 어른들이 자기를 좋아할 것이라고 생각하는, 또래의 어린이가 아니라 [어른 사이의 어린이]였습니다.

이렇게 우리는 사막에서 모래만 보지, 모래와 모래 사이는 보지 못합니다. 하영이와 나는, 어떤 사이일까 고민하는…, 오늘은 그런 날입니다.

After: 생활 곳곳에 투영되는 '쓰임 심리학'을 위하여

,

다시 만난 아이들, 여전히 아프다고 한다

꽃은 저마다 피는 계절이 다르다. 개나리는 개나리대로, 동백은 동백대로,
자기가 피어야 하는 계절이 따로 있다. 꽃들도 저렇게 만개의 시기를 잘 알
고 있는데, 왜 그대들은 하나같이 초봄에 피어나지 못해 안달인가?
그대, 좌절했는가? 친구들은 승승장구하고 있는데, 그대만 잉여의 나날을
보내고 있는가? 잊지 말라. 그대라는 꽃이 피는 계절은 따로 있다.
- 김난도, 《아프니까 청춘이다》 중에서

"아프니까 청춘이라는 말, 듣기 싫어요!"

"왜 그러는데? 무슨 일이야?"

21살 준형이는 3장 '내 나이가 어때서?'에 등장한, 개인적으로 많이 아끼는

제자다.

세월을 지면
한 가지 세월, 한가지 직업으로 살아보니
전문가가 되어있었다. 내가 약소했던 하나의 인도하였는
나 지금도 Expert로 남아있다.
끊임없이 고민하고 달렸다 / 인내하고 인내하고
들어주고 이해하며 / 이해하고 참으면서 달려왔다
오늘도 같은 일 같은 자리, 그러나 늘 배움과 설레임이
가득할뿐. 이제 국어수업 해야지
자녀와 나눔을 구하여 ..
" 2017. 8. 18 "

오랜 세월 한 가지 일을 하다 보니 전문가가 되어 있었습니다. 전공했던 영어뿐만 아니라 국어 논술 자격증, 한국사 자격증을 따면서 아이들에게 질 높은 수업을 해주기 위해 노력했습니다. 국어 수업은 제게 그 노력이 가장 잘 드러나는 수업입니다.

　숙식이라는 개념보다는 과외만 하고 갔을지라도 늦은 시간까지 공부방 자리를 지켜주었고, 선생님의 다리 역할을 하면서 궂은일을 도맡아 하는, 나와 교감이 많은 남학생이었다. 그 준형이가 내가 가르치는 영어 수업보다 국어 수업을 더 좋아했다. 국어 수업을 즐거워하는 이유가 스쳐지나가는 단어들을 나만의 방법으로 풀어주기 때문이었으니, 그 추억을 기억하면서 [교감], 이 단어의 정의를 국어사전을 빌려 제대로 표현한다면, 교감이라는 것은, '서로 접촉하여 따라 움직이는 느낌'이라는 뜻 말고도 '최면술을 쓰는 사람이 상대편에게 최면을 걸어 의식을 지배하는 관계'라는 뜻도 있다.

"순수한 거니, 착한 거니? 왜 다 믿는데!"

매번 누군가의 말을 있는 그대로 믿고 힘든 마음을 토로했다.

"선생님, 저 속상해요. 힘들어요. 제가 그렇게 보여요?"

내가 착하다고 표현하는 준형이는 다른 사람의 말도 잘 듣지만, 내 말을 너무 잘 듣고 따라 주었다. 내가 준형이에게 마치 최면을 거는 것 같아서 가끔은 자제할 정도였다.

성인이 되어서 과외를 받지 않는데도 준형이는 군대 가기 전까지 나의 공간을 불쑥불쑥 찾아왔다. 어느 날은 아메리카노를 들고, 어느 날은 술 한잔하고, 어느 날은 얼굴이 길어 보이는 슬픈 표정으로.

"Why the long face? (왜 그렇게 우울한데?)"

인생의 답을 몰라서 성인이 된 지금이 더 힘들다는 준형이는 '아프니까 청춘이다'는 말이 제일 듣기 싫다고 했다. 자기 좀 안 아프게 해달라고 했다.

"허허, 나는 최면술사는 아니야."

에니어그램(Enneagram)

사람들이 느끼고 생각하고 행동하는 유형을 9가지로 분류할 수 있으며 이 중 하나의 유형을 타고난다고 설명하는 행동과학으로 성격유형 지표이자 인간 이해의 틀로 설명할 수 있다.

그런 준형이가 ○○대학교 근처에서 에니어그램 분석을 받고 왔다고 했다. 여자친구와 권태기인지, 잘 사귀고 있는 건지 알고 싶어서 ○○대학교 근처에 있는 상담 카페를 갔더란다. 그리고 여자친구와 헤어지고 몇 개월 뒤에 찾아와서는 이렇게 말했다.

"선생님, 저 힘들어요. 오히려 공부방에서 공부만 내리 했을 때가 더 마음 편했던 것 같아요."

"여자친구랑 헤어져서 그런 건 아니고?"

"그런가요? 모르겠어요. 근데요, 자꾸 제 마음속에서 그때, ○○대학교 앞 카페에서 멘토라는 사람이 말해준 게 떠올라요."

"뭔데?"

"제가 에니어그램 4번이라고 하더라고요. 근데 4번 유형을 설명해주면서 부정적인 느낌으로 풀어주는 거예요!"

"저런, 인간의 유형을 단정 짓는 것, 그거 위험한데… 게다가 부정적인 느낌을 해소해주는 과정도 필요한데, 왜 그랬을까? 선생님이 갖고 있는 자료로 다시 해볼까?"

"네!"

우울하면 얼굴이 더 커 보이는 준형이의 얼굴이 다시 해맑아졌다. 다시 잘생겨 보였다. 내가 상담을 해준다는 것이 좋은 걸까? 좋은 결과로 '너는 괜찮은 놈이야' 최면을 걸어줄까 기대하는 것인가?

준형이는 분석지를 아주 성의 있게 체크하고 있었다.

"준형아, 1점부터 5점까지 있잖아? 3점으로 체크하고 싶다면 물어봐주고 체크할래?"

"왜요?"

"그 3점이라는 것의 질문지 문장을 쉽게 풀어줄게! 그러면 애매한 3점이 좀 줄어들어서 성격분석이 쉬워지거든."

"그러면 이거 해주세요!"

"뭐, 뭐?"

"나는 양심에 따라 행동한다!"

"그건, 감정적으로 너의 상태를 체크하는 게 아니라, 너의 신조를 묻는 거야. 예를 들면 음…, 준형이는 횡단보도가 아닌 곳에서도 건너나?"

"그것도 상황에 따라 달라요. 사람이 보면, 힘들어도 횡단보도 있는 곳에서 건너고, 사람이 없으면 무단횡단하죠."

장난스럽게 대답하는 것 같아서 전 여친 이야기로 환기시켰다.

"하은이는 무조건 횡단보도에서 건넌다고 하던데?"

"네, 그런 사소한 것들도 저랑 좀 달랐어요. 아…."

"어어, 옛날이야기 하면서 감정이입하기 없기! 한 번 더! 다르게 물어볼게."

"네."

"네가 쪽지시험을 보는데 분명 외웠던 건데, 안 떠오르는 거야. 근데 책상

서랍에는 그 답을 알려줄 교과서가 있네? 그러면 몰래 꺼내서 볼래?"

"에이, 그것도 다르죠. 사람 있으면 안 보고, 없으면 살짝 볼 수도…."

"됐다! 3점 해라 3점, 하하."

에니어그램을 천천히 분석해주었다. 준형이는 다양한 것에 도전하기를 좋아하고, 아이처럼 유쾌하며, 사람을 너무 좋아하는 7번이었다.

분석을 받고 나갈 때 말했다.

"준형아, 아프다고 표현하는 것은 남과 비교하거나, 일이 꼬이거나 그럴 때도 표현할 수 있지만 자기를 잘 모르면, 진짜 자기 내면의 목소리에 귀 기울이지 않으면 아프더라. 선생님은 말이지. 네가 하고 싶은 거 다양하게 도전해보는 것 권장한다! 다양한 경험이 널 성장시킬 거야!"

부정적인 감정을 해소해주었던 그날, 아이처럼 유쾌하게 웃고 나갔던 준형이는 다음 날 이렇게 전화했다.

"선생님! 저 바리스타 신청했어요! 커피 배워보려고요!"

"그래! 잘했다. 네가 또 커피 전문가잖아. 시험 거뜬히 통과할 걸! 그리고 준형아, 어제 못한 말! 살면서 완벽한 치유는 없다. 상처만 덜 받을 뿐이지. 네가 자존감이 높아져서 참, 좋다!"

—

저는 제 책이 출판될 즈음, 상담카페를 여는 것을 계획하고 있습니다. 움직이기 어려운 제게, 과외라는 직업을 내려놓는 시점에 예쁜 카페에서 이렇게 아프다고 찾아오는 제자들을 다시 만날 생각입니다.

많은 상담 전문가가 있고, 상담카페도 이미 존재합니다. 그러나 저는 소망합니다. 생활 곳곳에 적용하는, 쓰이는 심리학을 알려주고, 그 심리학을 다시 누군가에게 전파하고 적용하는 자존감 높은 제자들이 되길 소망합니다.

그래서 제가 하는 심리학은 [쓰임 심리학]입니다. 알려주고 잊히는 심리학 말고 살면서 두고두고 써먹는 [쓰임 심리학] 말입니다. 예쁜 주택 개조 카페를 검색하면서 '다시 길고 긴 동행'을 준비하는 가슴 벅찬 날입니다.

- 긍정적 암시로도 삶이 버겁다 느낄때
- 여전히 나의 꺼져가는 심지에 희망을 주시고
- 남아서 끊어지는 동아줄을 묶어주시며
- "힘내라. 힘내라" 위로해 주시는 주넘!
- 오늘 카페 자리를 보고왔습니다
- 이제, 남아 있는 집을 기도하면서 내놓습니다
- 물질적인 부분, 엄네란 마음 감정까지도 기도하오니,
- 들어 주소서. 입니다.
- 이광로 정비 비리옵니다. 주넘의 계획과 섭리를 기대하며.

☆ 2019. 9월 4일
카페랑 주택 계약!

심(沁)플래너에 매일 기록했습니다. '하고 싶다'가 아니라 '하고 있다', '했다'라고. 2019년 9월 4일, 작은 주택을 매입해서 카페로 개조하기 시작했습니다. 확언이 이루어진 날입니다.

퍼즐이 맞춰지다

아들이 중학교에 올라가면서 과외 학생 수가 많아지기 시작했다. 전 과목을 가르친다는 전제와, 과외비가 저렴하다는 이유가 작용한 것 같았다. 30여 명의 학생들을 그룹으로 나누어 수업하던 그때, 아이들 차량운행을 해준다는 이유로 가끔 놀던 남편이 아예 노는 합법적 백수가 되었다.

나의 엄마는 TV에 나올 정도로 유명한 맛집 식당 주인이었다. 북쪽 황해도 사람이라 그런가, 천성이 여장부 스타일에 손님에게 당당히 욕을 하는 '욕쟁이' 주인이었다. 그렇게 당당하던 엄마가 60대 후반 다리 수술 이후, 아들에게 식당을 물려주고 나의 공간, 공부방으로 아침마다 출근했다.

　　"병신자식, 내가 챙겨줘야지, 누가 해주냐!"

　　사랑의 표현을 거칠게 했다 치자. 그 이후로도 엄마에게 매 끼니만 얻어먹은 게 아니라 이사 갈 때마다 물질적 도움도 받았고, '만들어진 짧은 다리'쯤이야, 이미 완벽한 치유는 아니지만 거뜬히 잘 살아가는 모습으로 장애인이지만 잘 산다는 능력치를 보여주고 있었으니.

　　문제는 남편과 엄마의 갈등이었다.

　　"아니, 장모가 매일 와서 아침 상 차려주는데, 밤에 뭐 했길래 자는 거야!"

　　"아…, 장모님, 제가 밥 차려줄 수 있으니 오시지 마세요. 그냥 쉬세요."

　　"남자는 아침에 출근을 해야 돼!"

　　"저도 애들 차 운행해주잖아요."

　　새벽까지 과외를 하느라 늦게까지 자고 있던, 내가 맞는 아침의 풍경이었다. 어느 장단에 맞추고 어느 쪽을 칭찬할지, 통장의 잔고가 늘어나고 아이들이 주는 행복이 커도 무거운 일상의 반복이었다.

　　'딸'이고 '아내'인 나에게도 무거운 가족의 풍경인데, 아들이야 오죽했으랴. 지금은 독립해서 자유를 누리는 아들에게 내가 스스로 잘했다 칭찬하는 것은,

사랑의 표현이지만 지나친 개입을 하는 할머니, 남편, 나로부터 벗어나게 해준 것이라고, '다투는 여인과 함께 큰집에서 사는 것보다 움막에서 혼자 사는 것이 나으니라'라는 성경 잠언의 말씀이 적용되는 그것이다.

가끔은 나를 두고 '사랑과 전쟁'을 치르는 막장의 주인공처럼, 엄마와 남편은 조용한 일대일 자리에서 말했었다.

"나 아니면 너는 안 된다. 누가 너를 보살피겠냐", "당신은 내가 책임질게"라고.

눈이 흐려지고 경계선이 확실하지 않으면 의존인지, 사랑인지, 행복인지, 억압인지 분간할 수 없다.

심리학을 공부하고, 자존감을 회복하고 오롯이 나만 볼 수 있을 때, 1장에서 기록했듯, '되울림 현상'이 있던 날, 겁쟁이 '쫄보'인 나는 남편을 내 인생의 마지막 스토리에서 지웠다.

그리고 엄마는 이제는 이렇게 말했다.

"난, 너 없으면 안 된다!"

그리고 매일 아침, 점심, 저녁을 10첩 반상으로 대우해줬다. 그 엄마의 손길이 수많은 아이들이 '숙식'이라는 개념의 공간에서 살아갈 수 있었던 원동력이 된 것이다.

'사랑을 받은 사람이 사랑을 표현할 줄 안다'는 말은 지나가는 어린아이도 아는 명언이다. 나는 어려서 이름도 불리지 않았다. 가족의 개념 안에 자리 잡아 본 적이 없다. 사랑의 스킨십 그런 거…, 잘 모른다.

그래서 선생님이 좋다는 표현을 하면서 안아주는 제자들에게 손사래를 쳤다.

"나, 츤데레야. 이런 거 어색해! 가까이 오지 마! 오글거린단 말이야!"

근데, 사랑을 받아본 아이들이 끊임없이 표현했다. 편지로 선물로 포옹으로.

사랑하는 시간이 늘 힘겨웠다.
내가 그토록 사랑하는 사람이 나를 바라봐 준다는 건 행복했지만
연극이 끝나고 무대 아래로 내려와 분장을 지우면 한없이 초라해졌다.
- 조유미, 《나를 잃지 마, 어떤 순간에도》 중에서

그랬다. 사랑하고 사랑받는 법에 서투니 순수한 영혼들이 안아주는 포옹이 그렇게 어색했고, 의심했었다. 시간이 흐르니 제자들의 사랑법을 거울처럼 흡수하고, 연극 분장 없이도 사랑한다고 표현할 수 있게 되었다.

그때, 엄마가 보였다. 엄마도 서툰 것일 뿐, 장애인 딸을 어떻게 사랑해야할지 모르는, 표현이 서툰 것일 뿐이라는 것을 그제야 알았다. 남편도 외로웠을 것이다. 표현이 서툰 장애인 아내로 인해.

퍼즐이 맞춰지는 느낌이다. 그 누구의 탓이 아니다. 갈증이 날 때 수시로 물을 마시듯, 갈증이 나는데도 아프냐고 물어봐주고 약을 발라주는 방법을 모르는, 그래서 노력하지 않았던 3명이 엉켜 살았던 것이다. 사랑받은 적 없는 3명이 말이다.

혈액암을 앓아서 극도로 약해진 엄마는 매일 같은 시간에 깼다. 장애인 딸을 위해 밥을 차려주고 집을 청소했다. 그리고 제자들이 공부방에 오면 또다시 10첩 반상을 차려주었다.

미치도록 미안한 보상을 '용돈'이라는 개념으로 퉁치는 나는 아직도 엄마에게 사랑한다는 말을 못하고 있다. 눈물이 차오르는 날, 시로 표현할 뿐.

10첩 반상

엄마
오늘은 10첩 반상이네요

넌 남과 다르다고
기운 내라고 차려주신
10첩 반상 앞에
울음이 차올라
물을 벌컥벌컥

마셔요

왜 벌써부터 물을 마시냐
배부르게
엄마의 사랑 담긴 핀잔 앞에
엄마의 앙상한 팔이 보여요

혈액에 생긴 종양이
엄마의 살을
다 앗아갔네요

뼈밖에 안 남은 앙상한 팔이
이거 먹어라 저거 먹어라
10첩 반상 위로 날아다녀요

목발로 다져진 내 팔의 살을
도마 위에 놓고 썰어 버리고 싶어요

그렇게 해서라도
엄마의 앙상한 팔이
다시 살아날 수만 있다면

할 수 있는 게 없는 저는
다시
물을 벌컥벌컥
마셔요

퍼즐이 맞춰지는 느낌이다. 이제는 제자들을 안아주고, 귀까지 어두운 엄마에게 큰 소리로 애정 표현을 할 수 있게 되었다.

퍼즐이 맞춰지는 느낌이다. 이제 남은 한 조각, 가장 어려운 아들, 가족의 민낯을 보고 자라서 상처가 많은 아들을 안아주고 그 아들이 안기면 완벽한 퍼즐이 맞춰지는 것이다.

이렇게 어렵다. 노출시킨 아픔을 이해하고 공감하면 되는 제자들의 경우와 달리, 가족을 품는 것이 이렇게 어렵다.

아픔이 켜켜이 쌓여서 저 밑 어딘가에 어두운 그림자로 숨었다가, 가족의 민낯 앞에 '욱'하고 나오는 악습이 살아 있는 한, 가족을 품는 것이 이렇게 어렵다.

그러나 아픈 자들과 '길고 긴 동행'을 하려면 제대로 훈련해야 한다. '욱' 하는 악습의 전초를 지우고 '아!'라는 공감의 감탄사를 표현하는 그날까지.

다시 시작할 동행은 어리석은 사람이 아니라, 모든 인연을 살려내는 현명한 사람이고 싶다.

옆자리에 꼭 남자가 필요하다면,
난 말야 책을 읽고 토론할수 있는사람, 말았지만 날 없을수 있는 사람이면 돼
영화도 좋아했으면, 극장에 같이 갈수 있는 사람이면 돼.

다시 사랑한다면….

선생님이 아닌, 상담사로 살기 위한 초석: 어른을 읽다(Beautiful에서 Wonderful로)

혼자만의 독한 공부 환경을 찾아 나섰던 하은이와, 마지막 '숙식' 학생 민재와 오랜만에 모여 앉아 저녁식사를 했다. 별로 오래 살지 않았으면서도 "살면서 이렇게 [예쁜] 여자친구와 사귀는 거 처음이에요!"라고 민재가 운을 뗐다. 이 시점, 민재는 여자친구와 사귀면서 벌어지는 일상을 식탁에서 쏟아내고 있었다.

절대 질 리 없는 하은이도 덧붙였다.

"나도 수련회 가서 정말 [멋진] 친구를 만났는데 그 친구가 쪽지 보내서 심쿵 했어요!"

솔로인 나는 묘한 질투심에 이렇게 대구했다.

"하은아! 너 사람 보는 눈 낮잖아?!"

"눈이 낮지는 않죠! 개인의 취향이 다른 거죠!" 그리고 갑자기 떠오른 생각

이라며 이렇게 말했다. "선생님! [예쁘다, 아름답다]라는 단어는 약간 타인의 시선이 가미된 단어 같고, [멋지다]라는 단어는 개인의 주관적인 감정이 들어간, 음, 그 사람을 제대로 보고 평가하는 단어 같아요."

식사를 하다가 숟가락을 놓고 쳐다볼 정도로 하은이가 멋있었다.

내가 운영하는 공동체는 국제도시라는 이름에 걸맞게 호화롭고, 녹음이 무성한 공원과 40층 이상의 고층 빌딩이 있는 도시에 있다. 밤이 되면 더 아름다운 도시가 이곳이다.

이렇게 아름다운 도시에 '아름다운 외모를 가진 엄마'들이 존재했다. 그 '아름다운 엄마'와 함께 상담을 받으러 왔던 나의 제자들이 아파했었다고 2장과 3장에서 나는 피력했다. 선생님이면서 상담사인 나는 아이들하고 살면서 '엄마'들을 대변하기도 했지만, 그 대변의 수준이 [예쁘다, 아름답다]의 평가를 해주면서 "그럴 수밖에 없었을 거야"의 위로의 수준이었다.

타르

유기물을 분해증류(Destructive Distillation)하여 나오는 점성의 검은색 액체.

그리고 세월이 흘러 내 마음속 '타르'를 제거하자, 같은 여자이면서, 같은 '엄마'인 그들이 이해가 되었고, 선생님이 아닌 상담사로 살기 위해서 그 '엄마'

들을 대변해주는 것이 아닌, 제대로 읽어내는 과정이 필요했다.

'몸이 아프면 학원을 쉬라고 하면서 마음이 아픈 것은 모른다'라고 했던 아인이의 고백, '아빠와 싸우면 자기의 존재조차 모른다'는 민호의 고백, 그래서 극단적인 선택을 해서라도 부모님이 자기를 알아주었으면 했다는 그 아이들의 상담이 나의 과거의 아픔과 맞물려 아이들 편에만 서서 대변하게 했다.

아이들의 상담일지를 찾아보고 엄마들과 상담했던 녹음을 다시 들으면서, 아름답다는 외모적인 기준과 위로의 수준이었던 어른들에 대한 평가를 이제 다시 써보려 한다.

"어머니, 어머니는 언제 행복하세요?"

민호의 상담이 끝나갈 무렵, 화제를 바꾸기 위해 가볍게 물었던 질문이었다. 커피를 리필하면서 긴 호흡을 내쉬고 나서야 답할 수 있는 질문인가, 갑자기 눈물을 보이는 이유가 있을 만큼 아픈 사연이 있는 건가. 녹음기를 통해 들려오는 떨리는 그 목소리는, 자녀의 아픔이 아니라 어머니의 아픔이었기 때문에, 눈의 초점이 흐려지고 자녀를 맡길 선생님을 똑바로 보기 어려워 커피 잔으로 눈을 내려 고백해야 하는, 나의 그 질문이 그렇게 심오한 질문이었다고 말하고 있었다.

"하율이가 책을 좋아하는데, 뺏으라니요?"라는 질문에 "책 속의 반항적인 문장을 외워서 대드니까요"라고 단언했던 하율이 어머니의 고백은 [언니와 엄마가 다투던 그 장소에서 조용히 책을 읽으면서 자기 할 일을 알아서 해주었던 그저 예뻤던 그때로 돌아가고 싶어요]로 다르게 해석되었다.

늦음과 느림의 차이를 생각해보았다. 세상의 기준으로 보면 [늦음]은 후회와 포기의 단어일 수 있다.

자해하는 딸을 자기 딸이 아닌 다른 집 아이인 양, 3인칭으로 돌려서 말했던 아인이 어머니는 느리게 알아낸 딸의 아픔을 온전히 이해하게 되었고, 같은 속도로 아인이와 함께해주고 있다. 늦은 게 아니라 느린 거라고, 이제는 그들의 삶을 이해하게 되었다.

그렇다면 제대로 아이를 볼 수 없게 만드는 [타르]는 무엇일까? 아이의 책임자로서 사사로운 감정에 휘둘리지 않아야 할 이유가 있는 걸까? 아이의 공감의 깊이까지 들어갈 수 없었던 이유는 무엇일까?

국어사전의 '어른'의 정의를 보면, '다 자라서 자기 일에 책임을 질 수 있는 사람'이라는 의미를 담고 있다. 영어로 번역해보면 'A man who is mature enough to take responsibility for his work.' 여기서 work를 하기 힘든 일이라는 의미의 'task'로 바꾸어 보겠다. '하기 힘든 일을 책임질 만큼 충분한 자격이 있는 사람'으로 풀이된다.

부모는 능력자가 아닌데, 돈도 잘 벌고, 살림도 잘하고, 아이 교육도 잘 시키는 만능 엔터테이너는 아닌데, 책임을 지는 사람도 억울한데 책임을 질 수 있는 사람이라는 표현에서 [어른]의 무게를 짐작할 수 있다.

이제, [타르]를 제거하자. 좀 느린 사람이어서 몰랐다고 고백하자. 엄마도 힘들 수밖에 없는 대물림되는 아픔이 있었다고 고백하자. 어른들 사이에서 아파하는 아이들에게 타르라는 찌꺼기를 제거하고 이야기해보자. 다 이해해줄 것이다.

가부장적인 어른의 자세가 아니라 아이의 눈높이로 고백해주면 아이들은 눈빛으로 이렇게 표현할 것이다. 고맙다고. 그리고 그때부터 외모로 치장했던 아름다운 Beautiful이 삶의 멋을 아는 멋진 Wonderful한 일상으로 펼쳐질 것이다.

—

이제 저는, 생활 곳곳에 투영되는 [쓰임 심리학]을 아이와 어른, 그리고 성인이 되어도 힘든 청년들에게 적용하려고 합니다. 장애인이기 때문에 실내에서 아이들을 품었던 제가, 이제 대중의 품으로 나가려고 합니다. 고개 숙인 아이들 때문에 함께 아파했던 제가, 고개를 숙이지 않고 너무 당당하고 아름답게만 보였던, 그래서 잘 몰랐던 [어른]도 품을 수 있는 그릇이 되길 소망합니다. 저도 멋진 삶을 살 수 있을 것 같습니다.

길고 긴 동행의 또 다른 시작을 앞두고 – 나에게 집중하다

왜 글을 써야 했을까.

누군가 그랬다, 행복한 여자는 글을 쓰지 않는다고. 그럼 불행해야 글이 써진다는 건가? 나는 지금 불행한가?

1장에서 고백했던 '만들어진 짧은 다리' 즉, 내가 장애인으로 보이는 그 다리가, 의식되지 않았던 시점이 있었다. 목발이 의식되지 않았던 그 시점에는, 무관심과 격리의 삶으로 움츠려 있던 나에게 스무 살, [예쁘다, 예쁘다] 표현하는 타인 그리고 남자들이 있었다.

예쁜 줄 몰랐던 내게, 신체적으로 장애가 있다면 능력도 없는 사람이라고 동일시했던 내게, [예쁘다] 해주고 [잘한다] 해주니 진짜 예뻐지고 진짜 잘하고 있었다.

그렇게 스무 살부터 쉰셋까지 무려 33년을 아이들을 가르치는 일을 하면서 능력의 상한가를 찍고, 인정받는 선생님으로 한 집의 가장으로 살아냈다.

그러나 자기를 존중하는 자존감이 긍정적 암시만으로도 버티기는 할 수 있었지만 [못한다]라는 부정적 암시를, 가장 가까운 가족이나 지인이 지속적으로 표현하니 잘 살아냈던 삶이 감정의 기복을 타고 무너지게 되었다.

2018년 11월, 33년 과외하는 선생님의 이력에 가장 좋은 성적과 결과를 안겨주었던 고3들을 배출하고 의도적으로 뱉었던 말이 있었다.

"이제 그만해야겠어. 나이도 있고, 아, 힘들어. 그만하고 싶어."

그러나 현실은 돈을 벌지 않으면 안 되는 여전히 가장의 자리에 내가 있었다. 그리고 사실, 마음속으로는 '체력이 되는 한, 과외를 계속해야지, 그럼 그리며 책을 읽으며 여행을 하면서', 그렇게 당당함을 가장한 나약한 여자였다.

그리고 2019년 봄, 현실은 내가 의도하는 대로 되지 않았다. 과외학생의 수가 줄면서 능력의 상한가 따위 기억해주지 않는 자리에 위축감을 가진 '만들어진 짧은 다리'를 의식하는 나로 돌아와 있었다.

돈 문제로 힘들었을 때 썼나 봅니다.

정신을 차려보니 기도의 골방에 내가 있었고, 노트북으로 글을 쓰고 있었다. 간절했나보다, [예쁘다] [잘한다] 하는 타인의 시선이.

글을 쓰면서 새롭게 접하는 분야의 책이 생겼다.《호오포노포노의 비밀》,
《돈보다 운을 벌어라》,《왜 그런지 돈을 끌어당기는 여자의 39가지 습관》등 성
공을 거둔 저자들의 지침이 담긴 책들이었다.

문학을 좋아해서 자기계발서를 멀리했던 나는 의식적으로 돈이 붙는 책
들을 골라 읽고, 자기계발서의 지침에 순응하며 아침을 깨우고 긍정적 암시를
입으로 단언하며 '하고 싶다'의 문장을 '했다', '해냈다'의 확언형 문장으로 바꾸
어서 일기를 쓰고 있었다. 잘 살고 싶었나보다.

책이 나오기 전에 심(心)플래너에 매일 확언형 문장으로, 쓰러지는 나를 세웠습니다.

글을 왜 써야 했을까?

고개 숙인 아이들의 아픔이 나의 아픔과 동일시되는 6년의 특별한 경험이
우선인 것은 맞다. 그 아이들의 엄마 아빠, 즉 어른의 무게를 이해하는. 그래서
글을 쓰는 것도 맞다.

그런데, 글을 쓰는 과정을 통해 과거를 비워내기도 했고, 그래서 아픔을 승화하고, 고개 숙인 아이들의 삶을 명료화하면서 아픔의 무게를 쪼개는 그 과정이 결국 나를 살렸다는 것을 알게 되었다.

나는 글을 써야 했던 것이다.

불행해서가 아니라, 살기 위해 글을 썼던 것이다. 이 행복한 과정을 마무리하는 지금, 100세 인생의 반을 살아낸 지금, 나는 상담사로 간증자로 살아가기 위해 그래서 더 '길고 긴 동행'을 하기 위해서 나에게 집중하려고 한다.

다른 사람의 아픔이 내 아픔보다 먼저가 되어서 그들을 위해 사는 것, 참 아름다운 일이다. 그러나 내가 껍데기일 수는 없다. 내가 행복해야 그들의 아픔을 끝까지 들어 주고 지지해줄 수 있다는 것을 뼈저리게 체험했으니 다시 일어설 것이다.

나는 왜 글을 쓸까?

'숙식을 하며 가르치는' 특별한 삶이 소재가 되고, 아픈 가족의 이야기가 공감이 될 수 있는 이 글의 기록이, 결국 타인이 아닌 내가 스스로 [예쁘다] [잘한다]라고 말할 수 있게 되었으니, 나는 글을 쓰고 또 글을 쓸 것이다. 나의 자존감은 이제, 삶의 기복에 따라 흔들리지 않을 것이다. 자존감을 살릴 수 있는 '열린 길'을 발견했으니 말이다.

1장에서 이렇게 말했다.

훗날에 나는 어디선가
한숨을 쉬며 이야기할 것입니다.
숲 속에 두 갈래 길이 있었다고,
나는 사람이 적게 간 길을 택하였다고,
그리고 그것 때문에 모든 것이 달라졌다고.
- 로버트 프로스트, '가지 않은 길'

이제는 한숨을 쉬면서 말하지 않을 것 같다. 사람이 적게 간 그 길이 [나를 살리는 길]이었으니.

'따옴표'의 기적

"엄마 아빠에게 말씀드려볼까?"

"하지 마세요…."

"엄마와 대화해보자."

"엄마랑 말하기 싫어요."

진짜 대화하기 싫은 걸까? 가족과의 사이에 벽을 쌓고 방에서 나오지 않는 아이들의 마음의 기저에는 단순히 밀어내는 방어기제만 작용한 것일까?

특이한 공부방, 24시간 밀착 수업을 하는 나의 공간에서 말하기 싫어했던 아이들이 말하기 시작했다. 2시간 수업하면, 4시간을 따옴표로 풀어냈다. 그 따옴표 안의 말이라는 것이 아이들이 알려주고 싶어 하는 마음의 실마리였다. 그러나 그 놀라운 기적의 순간이 오기까지 아이들은 말하지 않았다.

그때 나는 행동심리학을 이용해 아이들을 기록하기 시작했다.

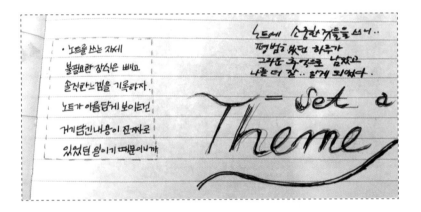

심리학을 유기체의 전체적인 행동의 과학이라고 정의하고 최초로 행동심리학이라는 명칭을 사용한 사람은 H. 피에롱이다. 객관적인 방법에 의해서 포착한 행동을 그 대상으로 한다는 의미에서 현대 심리학의 대부분의 학파가 이

에 속한다.

우리는 사람들과 대화할 때 말로만 의견을 전달하지 않는다. 손이나 표정 등을 이용하여 때로는 말보다 더 깊은 마음의 뜻을 전달하기도 한다.

손톱을 물어뜯어서 피를 봐야 공부를 시작하는 아이, 머리카락을 손가락에 돌돌 마는 단순한 행동에서 머리카락을 한 올 한 올 뜯어내서 책상 위에 모아 두는 아이, 오른손으로 팔베개 형태를 취하면서 엎드려서 문제를 푸는 아이, 모기 물린 흉터에 열심히 십자가 모양을 만들면서 손톱으로 꾹꾹 누르는 아이, 심하게는 문제를 풀다가 먼 산을 응시하는 아이, 모의고사로 문학 지문을 읽다가 눈물이 난다며 화장실로 뛰어가는 아이…

그 아이들과 24시간을 보내는데, 아이들이 행동으로 먼저 아프다는 신호를 보여주었고 나와의 신뢰감이 쌓이자 쉴 새 없이 조잘대는데, 나는 기록하지 않을 수 없었다.

들어주고 행동 시뮬레이션으로 치유해주고 그래도 부족하다…, 한계점이 오면 기록했다.

'아이들에게 어떻게 하면 웃음을 줄 수 있을까요? 아이들이 가족과 행복하게 지낼 수 있도록 도움을 주고 싶어요.'

한 아이의 행동에 주목하여 구체적으로 기록하고 그 아이의 말을 들어 주는 단 한 사람으로서 아이에게 집중하자 지혜가 생기고 행동의 의미를 파악하는 능력이 생겼다.

우리가 살아가는 사회에는 다양한 수많은 사람들이 서로 다른 목적으로 분주히 뛰어다닌다. 이들이 만들어내는 궤적은 혼란 그 자체일 것 같지만 의외로 새로운 질서를 만들어낸다. 이처럼 복잡한 인간의 생각과 마음을 이해하기 위해서는 카오스와 복잡계에 대한 이해가 필요하다.
- 이영직, 《행동 뒤에 숨은 심리학》 중에서

팔짱 끼고 듣는 것이 상대방에게 방어적인 거만함을 보여주는 것이 아니라, 심리적으로 편안해지고 있다는 신호라는 것. 목을 꾹꾹 누르거나 목옆과 뒤를 감싸는 행동이 잠을 잘 못 자서가 아니라 스트레스 받았던 일을 상기하고 있다는 것. 코 주변에 간지러운 털이나 바이러스가 없는데도 말할 때마다 코를 만지는 것은 거짓말을 하고 있어서 코의 연한 조직이 팽창되어 간지러워 그러는 것이라는 것. 대화 도중에 옷에 붙어 있는 보푸라기를 뜯는 것은 지금 하고 있는 대화에 공감하지 못하고 있다는 것. 어깨를 으쓱하는 것이 자기가 말한 내용에 확신이 없을 때나 내가 하고 있는 말에 동의하지 않는다는 것을, 서 있을 때 골반 위에 손을 올려놓고 대화한다면 자기가 말한 것에 자신감이 있을 때… 라는 것을 알아내는 능력 말이다.

가치 명료화라는 방법이 있다. 가치교육의 한 방법으로 라스(L.E. Raths)에 의해 개발되어 세계적으로 관심을 불러일으키고 있는데. 학생들로 하여금 각자의 신상(身上)에 관련된 가치문제(예컨대, 자기가 가장 소중하게 여기는 것은 무엇인가?)를 여러 각도에서 성찰하도록 함으로써 스스로의 가치관을 확인하도록 하는 방법을 말한다.

행동으로 읽어낸 아이들의 특성을 이제는 말로 풀어내게 했다. 하고 싶은 말을 그냥 털어놓게 하는 수다의 방법으로, 때로는 '가치 명료화'라는 심리학적 접근으로 아이들에게 마음껏 말할 수 있는 기회를 주었다.

그것이 이 책으로 풀어낸 스토리텔링이다. 일반 상담 관련 도서처럼, 아니면 자기계발의 형태를 갖춘 지식의 창고로 책을 낼 수 있었다. 하지만 따옴표 안에 아이들의 마음이 온전히 녹아 있었고, 그 따옴표로 풀어낸 이야기의 호흡조차 놓치고 싶지 않아서 고민했다. 다 쓰고 싶었다. 한 아이와 적게는 2년, 길게는 6년의 기록이니 풀어내고 알려주고 싶은 따옴표 안의 비밀이 너무 많았다.

그 호흡을 다시 기억하고, 녹음했던 아이들의 숨소리를 다시 들으면서 욕심을 내려놓았다.

다 전달하지 못해도 누군가 따옴표 안의 아이들과 학부모 그리고 그 사이에 있는 선생님의 마음을 헤아려준다면 그것으로 족하다.

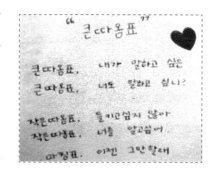

학생이 노트에 써놓았던 글귀,

그때 나는 이것이 내 마음을 다 표현하는 것 같았다.

그런데 아이들과 함께하던 시간을 정리하고 그 아이들의 이야기를 쓰고 있는 지금 이렇게 말해주고 싶다. 마침표 옆의 따옴표라고.

그만하고 싶은 아이들의 마음을 다시 살려내고 끝까지 같은 마음으로 들어줄 수 있으니 조잘대라고, 더 많이 이야기하라고, 불안감과 지친 하루의 상처를 다 이야기하라고, 턱을 괴고 바라봐주고 싶다.

행동심리학이라는 명명 아래 나를 따라하는 '미러링'으로 아이 역시 턱을 괴고 조잘대면, 그 대화의 자리는 천국이 될 것이다.

50대, 나는 여전히 팝과 발라드에 취해 있다

'송하예'라는 가수가 있습니다. 2019년 봄, 오디션 프로그램 〈K팝스타 2〉에 나왔던 나이 어린 가수, 송하예는 '니 소식'이라는 발라드를 발표했지요.

작가라는 타이틀을 걸기에 초보였던 나는 [집필환경]이라는 단어에 민감했습니다. 음악을 틀어놓고 쓸 것인지, 분위기 좋은 카페에서 써야 하는 것인지, 아니면 경치가 좋은 곳으로 집필여행을 가서 써야 하는 것인지 초보답게 고민해보기도 했습니다.

노트북을 열면서 음악을 틀어보았고. 카페도 가보았고, 바다가 보이는 곳에 가보기도 했습니다. 그러나 나의 글은, 집필환경이라는 것과 무관하다는 것을 알게 되었습니다.

아이들을 가르치는 수업, 잠시 쉬는 시간에도, 아픈 몸을 이끌고 나를 위해 밥을 차려주는 엄마의 도마질 소리에도 나는 글을 쓰고 있었으니까요.

중요한 것은 송하예의 '니 소식'이 필요했고, 비가 오는 날은 윤하의 '비가 내리는 날에는'이 필요했고, 어두운 밤 외롭다는 생각이 들 때는 봉구의 '꼭 너여야 해'가 필요했다는 것입니다. 나는 발라드를 너무 좋아했던 것이지요.

사례를 풀어주는 아이들이 감사해서 잊지 않으려고, 어떻게 풀어가야 아이들이 아프지 않을까 고민했을 때는 에드 시런의 'Thinking out Loud'와 콜드플레이의 'Fix you'를 들으면서 글을 썼습니다.

사람들은 '나이에 맞지 않게 어린 가수들의 노래를 좋아하네요'라든지, '이런 팝송도 아느냐'고 놀라기도 했고 웃기도 했습니다.

그때 그랬습니다, 제자들하고 부대끼며 살아서 그렇다고, 아이들이 어떤 노래에 공감하고 어떤 노래에 눈빛이 멍해지는지 알고 싶었다고. 그러다 보니 나도 발라드가 좋아지고 드라이브할 때는 팝송을 틀어봐야 하늘이 더 예쁘다고 표현해주었습니다.

내 차를 타는 제자들이 틀어주는 가요는 그날의 아이들의 마음이었고, 나의 마음이었다고 말해주었습니다.

나는 이제 어떤 장소, 어떤 환경에서도 글을 쓸 수 있습니다. 그러나 음악이 없으면 한 글자도 써 내려갈 수 없습니다. 글 속에 투영되는 것이 당신의 삶이어야 하는데, 한 곡 재생으로 틀어놓은 그 곡이 투영되는 것이 아니냐고 반문해도 할 수 없습니다. 음악이 없으면 한 글자도 쓸 수 없으니까요. 그래서 가장 많이 들었던 송하예의 '니 소식'이 너무 고맙습니다.

그리고 발라드를 접하게 해주고 그 발라드의 가사를 읽어주면서 자기의 마음이 오늘 그렇다고 말해주었던 제자들이 너무 고맙습니다.

나는 오늘도 몸이 아프다고 나에게만 하소연하는 엄마 옆에서 이 글을 쓰고 있습니다.

윤미래의 '너의 얘길 들어줄게'라는 곡을 반복 재생한 채….